Dorfer · Lerch

Österreich tischt auf

Desserts & Bäckereien

Die besten Mehlspeisen

tosa

Alle Rechte vorbehalten
Zusammenstellung von Margarethe Dorfer und Erich Lerch
Umschlag von HP-Graph unter Verwendung eines Bildes
von Foto Liesl Biber
Abbildungen in den Bildteilen von Foto Liesl Biber und GUSTO-ORAC
Zeitschriftenverlag Ges.m.b.H. zur Verfügung gestellt
Copyright © 2000 by Tosa Verlag, Wien
Satz und Repro: Der Graph, Wien
Printed in Austria

Inhalt

Warme Mehlspeisen

Alt-Wiener Weintraubenstrudel ...9
Äpfel im Schlafrock ...9
Apfel-Semmel-Auflauf ...10
Apfel-Mandel-Gratin ...10
Apfelnockerln gebacken ...11
Apfelspalten gebacken ...11
Apfelstrudel ...12
Aranzini-Birnen ...12
Arme Ritter ...13
Bananen im Schnee ...13
Bananenkipferln ...14
Besoffener Kapuziner ...14
Biskottenauflauf ...14
Blätterteigfächer mit Kirschen ...15
Blätterteigstrudel mit Marillen und Mohn ...15
Buchteln ...16
Erdbeerknödel ...16
Erdbeerstrudel ...17
Gebackene Mäuse ...18
Grießauflauf mit Anis und Lebkuchenobers ...18
Haselnuss-Waffeln ...19
Heidelbeer-Honig-Nocken ...19
Heidelbeerschmarren ...20
Kaiserschmarren ...20
Kapuzinerknödel mit Nüssen ...21
Karamellpudding ...21
Kastanienauflauf ...22
Kastanienkroketten ...22
Kastanienpudding ...23
Kirschenauflauf ...23
Kirschendalken ...24
Kokos-Griess-Schmarren ...24
Kürbisstrudel ...25
Lebkuchenpudding ...25
Mandelkoch mit Schokoladesauce ...26
Mandelschmarren ...26
Marillenknödel aus Brandteig ...27
Marillen-Reis-Auflauf ...28
Marillen-Topfen-Strudel ...28
Marzipanauflauf ...29
Marzipan-Powidl-Pofesen ...29
Millirahm-Strudel ...30
Mohnkoch ...30
Mohnnudeln ...31
Mohr im Hemd ...31
Mozartknödel ...32
Nusskoch ...32
Nusspalatschinken ...33
Nusstrudel ...33
Ödenburger Auflauf ...34
Orangensalat ...34
Pfirsich-Reis-Auflauf ...35
Rahmauflauf ...35
Rhabarberauflauf ...36
Salzburger Nockerl ...36
Scheiterhaufen ...37
Schneenockerln mit Nougatcreme ...37
Schokolade Auflauf ...38
Schokoknödel ...38
Süße Serviettenknödel ...39
Topfen-Grieß-Knödel mit Himbeeren gefüllt ...39
Topfenknödel im Mohn ...40
Topfennockerln ...40
Topfenpalatschinken ...41
Topfenschmarren mit Himbeermark ...41
Vanilleauflauf ...42
Vanillecreme-Omelette mit Walderdbeereen ...42
Weinchaudeau ...43
Zimtknödel ...43
Zwetschkenröster ...43
Zwetschkenstrudel ...44

Inhaltsverzeichnis

Kuchen und Torten

Ameisengugelhupf ...45
Aniskuchen ...45
Apfelbiskuitkuchen ...46
Apfelstrudeltorte ...46
Apfel-Nuß-Kuchen ...47
Aranzinikuchen ...48
Bischofsbrot ...48
Biskuitroulade ...49
Biskuittorte gerollt ...49
Blohbergerschnitten ...50
Brandteigschnitten mit Schokoladecreme ...51
Dobostorte ...52
Cremeschnitten ...53
Ennser Schnitten ...54
Erdbeer-Weincreme-Torte ...55
Esterházytorte ...56
Fruchtschnitten ...57
Früchtebrot ...57
Gervaistorte mit Früchten ...58
Grießtorte ...59
Haselnusslikörkuchen ...59
Heidelbeerkuchen ...60
Himbeerschnitten ...60
Joghurtgugelhupf ...61
Kardinalschnitten ...61
Karottentorte ...62
Kastaniengugelhupf ...63
Kirschfleck ...63
Linzer Torte ...64
Malakofftorte ...65
Mandeltorte ...66
Marillencremekuchen ...66
Marillentorte mit Marzipan ...67
Marmorgugelhupf ...68
Marzipanschnitten ...68
Mohntorte ...69
Nusspotitze ...70
Nusstorte ...71
Nuss-Schokolade-Kuchen ...71
Obersgugelhupf ...72
Obstkuchen ...72
Öl-Biskuit ...73
Orangenkuchen ...73
Panamatorte ...74
Pariser Schnitten ...74
Preiselbeerschnitten ...75
Punschtorte ...75
Quittentorte ...76
Rehrücken ...77
Rhabarber Apfeltorte
Rhabarberkuchen ...77
Rhabarberstrudel ...78
Ribiselkuchen
Ribiselschnitten mit Schaum ...79
Ribiseltorte ...79
Rosinenkuchen ...80
Rotweinkuchen ...81
Sachergugelhupf ...81
Sachertorte ...82
Sandkuchen ...83
Schneekuchen ...83
Schokolademousse-Torte ...84
Schokoladekuchen mit Nüssen ...84
Schokoladebiskuittorte ...85
Schokoladetorte mit Kastaniencreme ...85
Schwarzwälder Kirschtorte ...86
Stachelbeerkuchen mit Ribiseln ...87
Stephanieroulade ...88
Streuselkuchen mit Marillen ...88
Topfenkuchen ...89
Vanillekuchen ...90
Wachauer Torte ...90
Weichseltorte ...91
Weincremerouladen ...92
Weingugelhupf ...93
Weintraubenkuchen ...93
Windtorte ...94
Zimtkuchen ...94
Zitronenkuchen getränkt ...95
Zitronentorte ...95
Zwetschkenschlupfkuchen ...96

Inhaltsverzeichnis

Kalte Desserts

Apfelmus ...97
Apfelschaumcreme ...97
Beeren mit gewürztem
Schlagobers ...98
Beerenmix mit Vanilleeis ...98
Beerenterrine mit Himbeersauce ...99
Biskuit tascherln mit
Erdbeerschaum ...99
Brombeercreme mit Rotwein ...100
Diplomatencreme mit
Beerenröster ...101
Eiercreme ...101
Erdbeercreme ...102
Erdbeer-Joghurt-Creme
gestürzt ...102
Erdbeer-Topfen-Creme ...103
Erdbeertortelettes mit
Gelatine ...103
Erdbeeren Romanow ...104
Fruchtsalat ...104
Götterspeise ...105
Himbeercreme ...105
Kaffeecreme mit Vanilleeis ...106
Karamellcreme ...106
Kastaniencremeterrine ...106
Kastanienreis mit Schlagobers ...107
Kirschenragout mit Vanilleeis ...107
Kiwi-Nuss-Topfen-Creme ...107
Lebkuchenmousse ...108
Marillencreme gestürzt ...108
Marillenschaum mit Topfen ...109
Marzipanmousse mit
Himbeersauce ...109
Meraner Creme ...110
Mohncreme ...110
Orangencreme ...111
Orangen-Erdbeer-Mousse ...111
Reis Trauttmansdorff ...112
Rhabarberschaum ...112
Rhabarberpudding mit
Erdbeerpüree ...113
Rahmnockerl mit marinierten
Beeren ...113
Ribiseljoghurt ...114
Schneenockerln mit
Schokoladecreme ...115
Schokoladereisringe ...115
Schockomousse ...116
Topfenpudding mit Früchten ...116
Topfen-Waldbeeren-Creme ...117
Vanillecreme mit Erdbeeren ...117
Weinchaudeau ...118
Weincreme ...118
Weinschaum-Palatschinken ...119
Winterlicher Obstsalat ...119
Zitronencreme mit pochierten
Marillen ...120
Zwetschkenwurst ...120

Kleine Bäckereien

Anisbögen ...121
Brandteigkrapfen mit
Schlagobers ...121
Dattelkonfekt ...122
Creme-Stanitzel ...122
Eclairs ...123
Feine Keksschnitten ...124
Florentiner ...124
Gewürzsterne ...125
Haselnussmakronen ...125
Hausfreunde ...126
Husarenkrapfen ...126
Ischler Törtchen ...127
Kapuzinerkipferln ...127
Kastanienwürfel ...128
Kokosschaumgebäck ...129
Linzer Augen ...129
Linzer Schnitten ...130
Linzer Spritzgebäck ...130
Mandelbögen ...131
Mandelstangen ...131
Mandeltaler ...132

Inhaltsverzeichnis

Marillenschnecken ...132
Marzipangolatschen ...133
Marzipanstanizel ...134
Nougatscheiben ...135
Nussbeugerln ...135
Nussbusserln ...136
Nussrollen ...136
Nusssterne ...137
Orangen-Schoko-Taler ...137
Orangenbusserln ...138
Pariser Spitze ...138
Polsterzipfe ...139
Rothschild-Biskotten ...139
Sacherwürfel ...140
Schaumrollen ...140
Schmalzkrapferln ...141
Schoko-Nuss-Brot ...141
Schokoladeaugen ...142
Schokolademonde ...142
Schokoladeschnitten ...143
Vanillekrapfen ...143
Vanillekipferln ...144
Windbäckerei ...144

Vorwort

Liebe Kochfreunde!

Die bodenständige österreichische Küche war den beiden Autoren der neuen Kochbuchserie ÖSTERREICH TISCHT AUF schon seit vielen Jahren ein besonderes Anliegen, allerdings mussten wir uns mühsam Rezepte aus allen möglichen Quellen beschaffen, die auf unsere besonders schmackhafte und gute Küche eingingen.

Mit der nun neu herausgegebenen Reihe haben wir uns bemüht, diese Lücke am Kochbuchmarkt zu füllen.

Bei der Zusammenstellung haben wir darauf geachtet, nur österreichische Begriffe für die Speisen und Zutaten zu verwenden. Die Mengenangaben gelten immer für vier Personen (ausgenommen bei den kleinen Bäckereien).

Der Bogen der Rezepte spannt sich von der schnellen täglichen Küche bis zum festlichen Essen.
Besonders gekennzeichnete kleine Tipps erleichtern Ihnen manche Arbeit.

Sollten Sie Anregungen oder Ideen an uns weitergeben wollen, bitten wir Sie diese an die Verlagsredaktion zu schicken.

Viel Spaß beim Nachkochen und guten Appetit wünschen

Margarethe Dorfer   Erich Lerch

Tosa Verlag
Postfach
A-1091 Wien

E-Mail: gutmann@tosa-verlag.com
Fax: Wien 40444-155

Abkürzungen

EL	Esslöffel
g	Gramm
kg	Kilogramm
KL	Kaffeelöffel
l	Liter
MS	Messerspitze
Pkg.	Packung
TL	Teelöffel

Warme Mehlspeisen

Alt-Wiener Weintraubenstrudel

4 Strudelblätter
4 Eier
120 g Staubzucker
80 g Mehl
1 Pkg. Vanillezucker
abgeriebene Schale einer
1/2 Zitrone
800 g Weintrauben
50 g flüssige Butter
Mehl zum Bestauben
Staubzucker zum Bestreuen

Zubereitungszeit: 1 Stunde 30 Minuten

Weintrauben rebeln, waschen und gut abtrocknen. Eier mit dem Zucker sehr steif schlagen, anschließend mit Mehl, Vanillezucker und Zitronenschale verrühren. Die Strudelblätter auflegen, die Masse auf den Strudelteig streichen, Weintrauben darüber streuen, Strudelteig einrollen. Das Backrohr auf 180 °C vorheizen, ein Backblech mit Backpapier auslegen. Den Strudel mit der Verschlussseite nach unten auf das Backblech legen, mit der flüssigen Butter bestreichen und 50 Minuten im Rohr backen. Vor dem Servieren mit Staubzucker bestreuen.

Äpfel im Schlafrock

4 mittelgroße Äpfel
1 Pkg. Blätterteig
1 Ei
1 Eidotter
4 TL Butter
4 Gewürznelken
4 KL Preiselbeermarmelade
100 g Zucker
100 g Rosinen
Vanillezucker

Zubereitungszeit: 1 Stunde

Das Backrohr auf 220 °C vorheizen, Backblech mit Backpapier belegen. Zucker, Zimt und Rosinen gut vermischen. Die Äpfel mit einem Kerngehäuseausstecher von der Stängelseite aus vom Kernhaus befreien. Dann erst die Äpfel schälen. Den Kanal jedes Apfels mit der Zucker-Zimt-Rosinen-Mischung füllen, nach unten drücken, darauf kommt die Preiselbeermarmelade, zum Schluss nochmals einen Löffel der Zucker-Zimt-Rosinen-Mischung. Obendrauf ein Stück frische Butter. Den Blätterteig ausrollen, auflegen, in gleich große viereckige Stücke schneiden. Auf jedes Teigviereck einen gefüllten Apfel setzen, die vier Teigecken mit Eidotter bestreichen und nach oben schlagen. Obenauf ein kleines Teigviereck mit einer Gewürznelke befestigen. Die „Schlafröcke" mit versprudeltem Ei bestreichen und auf ein mit Backpapier belegtes Backblech setzen. Die Äpfel nun 10 Minuten rasten lassen, danach 10 Minuten anbacken, das Rohr auf 180 °C zurückdrehen und weitere 20 Minuten goldgelb backen. Vor dem Servieren mit Vanillezucker bestreuen.

Warme Mehlspesen

Apfel-Semmel-Auflauf

750 g Äpfel
4 Semmeln
100 g Kristallzucker
50 g Rosinen
3 EL Rum
2 Eidotter
2 Eiklar
1 EL Zucker
1 TL Zimt
1 EL Milch
Butter zum Anrösten

Zubereitungszeit: 45 Minuten

Äpfel schälen, das Kerngehäuse ausschneiden, in feine Scheiben schneiden. Die Semmeln in gleichmäßig große Scheiben schneiden. In einer Pfanne etwas Butter erhitzen, Semmelscheiben darin knusprig braun rösten. Mit den Semmelscheiben wird dann der Boden und der Rand einer feuerfesten, befetteten Auflaufform ausgelegt. Die Apfelscheiben mit Zucker, Zimt, Rum und Rosinen gut vermischen und auf die Semmelscheiben verteilen. Das Backrohr auf 200° vorheizen, Eidotter mit Zucker und etwas Milch vermengen, das Eiklar steif schlagen und unterziehen, dann über die Äpfel gießen und im Rohr 15 Minuten überbacken.

Tipp: *Damit die Äpfel nach dem Schneiden nicht braun werden, sollten Sie sie mit Zitronensaft beträufeln.*

Apfel-Mandel-Gratin

4 Äpfel
1 Vanilleschote
300 g Staubzucker
1 Ei
80 g Butter
80 g gehackte Mandeln
20 g Mehl
4 EL Rum
Saft einer Zitrone
1 l Wasser

Zubereitungszeit: 40 Minuten

Äpfel schälen, das Kerngehäuse ausschneiden, in Scheiben schneiden. Das Backrohr auf 200 °C vorheizen, das Ei mit 20 g Zucker, Butter und Mehl mit einem Schneebesen schaumig schlagen, bis eine cremige Masse entsteht. Dann den Rum und die Mandeln unterheben. Das Wasser mit der halbierten Vanilleschote, dem restlichen Zucker und dem Zitronensaft zum Kochen bringen. Apfelscheiben für drei Minuten in das kochende Wasser geben, herausheben und gut abtropfen lassen. Eine Backform befetten, die Apfelscheiben auflegen und danach die zubereitete Creme darüber gießen. Die Backform 20 Minuten in das Rohr schieben, bis die Oberfläche schön goldgelb ist. Das Gratin in Bechern servieren.

Apfelnockerln gebacken

200 g Äpfel
100 g Weißbrot
8 EL Milch
1 Ei
1/2 Pkg. Vanillezucker
30 g Zucker
20 g Mandelblättchen
100 g Semmelbrösel
2 Eier
1 Prise Zimt
Öl zum Ausbacken

Zubereitungszeit: 30 Minuten
(Kühlzeit 1 Stunde)

Äpfel schälen, vierteln, vom Kerngehäuse befreien, kleinwürfelig schneiden. Das Weißbrot entrinden und ebenfalls kleinwürfelig schneiden, die Mandelblättchen goldgelb rösten. Apfelwürfel, Brotwürfel mit dem Ei, Zucker, lauwarmer Milch, Vanillezucker, Mandelblättchen und Zimt gut vermischen. 1 Stunde im Kühlschrank rasten lassen. Nach dem Ende der Kühlzeit aus der Masse 12 Nockerln ausstechen, diese dann in verquirlten Eiern und Semmelbröseln wenden. In einer Pfanne Öl erhitzen und die Nockerln darin schwimmend goldgelb backen. Herausheben und auf einem Küchenpapier gut abtropfen lassen.

> **TIPP:** *Damit Sie die Nockerln besser panieren können, stellen Sie sie nach dem Formen 15 Minuten in das Tiefkühlfach.*

Apfelspalten gebacken

4 Äpfel
100 g Mehl
2 Eier
6 EL Milch
1 Prise Staubzucker
1 Prise Salz
Zimtzucker zum Bestreuen
Öl zum Ausbacken

Zubereitungszeit: 30 Minuten

Die Äpfel schälen, das Kerngehäuse ausstechen und in fingerdicke Scheiben schneiden. Die Eier trennen, Eidotter mit Salz, Mehl und Milch glatt versprudeln. Das Eiklar mit dem Zucker steif schlagen und unterheben. In einer Pfanne ausreichend Öl erhitzen, Apfelscheiben in den Backteig tauchen, etwas abtropfen lassen und dann im Öl goldbraun backen. Herausheben, auf einem Küchenpapier gut abtropfen lassen und mit Zimtzucker bestreut servieren.

Warme Mehlspesen

Apfelstrudel

1 Pkg. Strudelteig
750 g Äpfel
50 g Rosinen
30 g gehackte Walnüsse
Saft einer 1/2 Zitrone
abgeriebene Schale einer 1/2 Zitrone
2 TL Vanillezucker
1 MS Zimt
60 g Butter
80 g Semmelbrösel
2 EL Zucker
5 EL flüssige Butter

Zubereitungszeit: 1 Stunde 15 Minuten

Rosinen mit heißem Wasser waschen, gut abtropfen lassen, Äpfel schälen, vierteln, das Kerngehäuse entfernen und in dünne Scheiben schneiden. Mit Nüssen, 1 EL Zucker, Zimt, 1 TL Vanillezucker, Zitronensaft, Zitronenschale und Rosinen gut vermischen. In einer Pfanne die Butter erhitzen, die Hälfte der Brösel mit dem restlichen Vanillezucker und Zucker darin rösten. Die restlichen Brösel mit den Äpfeln vermischen. Das Backrohr auf 180° vorheizen, auf ein befeuchtetes Tuch ein Strudelblatt auflegen, mit flüssiger Butter bestreichen, das zweite Blatt darauf legen. Auf dem oberen Drittel des Teiges zuerst die Hälfte der Brösel und dann die Apfelfülle verteilen. Freie Teigflächen mit flüssiger Butter bestreichen. Die Seitenränder einschlagen und mit Hilfe des Tuches Teig zu einem Strudel rollen. Ein Backblech mit Backpapier auslegen, Strudel darauf setzen, nochmals mit flüssiger Butter bestreichen und im Rohr 30 Minuten backen. Nach dem Ende der Backzeit Strudel aus dem Rohr nehmen, mit flüssiger Butter bestreichen, überkühlen lassen und dann in Stücke schneiden.

Aranzini-Birnen

4 reife Birnen
100 g Aranzini
Zitronensaft zum Beträufeln
60 g geriebene Haselnüsse
6 Biskotten
60 g Honig
1 EL Rum
1/16 l Milch
1 Prise Zimt
Preiselbeerkompott zum Garnieren

Zubereitungszeit: 40 Minuten

Birnen schälen, halbieren, entkernen, mit einem Löffel etwas aushöhlen, das Fruchtfleisch kleinwürfelig schneiden. Die Birnen mit Zitronensaft beträufeln und in den Nüssen wenden. Biskotten grob zerbröseln, Aranzini fein hacken. Aranzini, Honig, Rum, Zimt und das Fruchtfleisch gut vermischen und die Birnen füllen. Das Backrohr auf 220 °C vorheizen, die Birnen in eine Auflaufform setzen, mit den restlichen Haselnüssen bestreuen und die Milch in die Form gießen. 20 Minuten auf mittlerer Schiene backen, überkühlen lassen, noch warm mit Preiselbeerkompott garniert servieren.

Warme Mehlspeisen

Arme Ritter

3 Eier
2 EL Staubzucker
1/4 l Milch
8 fingerdicke Scheiben Weißbrot
6 EL Semmelbrösel
1/2 TL Zimt
50 g Kristallzucker
1 Prise Salz
abgeriebene Schale einer 1/2 Zitrone
Butter zum Ausbacken

Zubereitungszeit: 40 Minuten

Die Eier trennen, Eidotter mit Zucker, Salz, Zitronenschale und der warmen Milch gut verquirlen. Eiklar mit 2 EL Wasser leicht schlagen. Die Weißbrotscheiben in die Eiermilch tauchen, ein paar Mal wenden, bis sie durch und durch weich sind. Abgetropfte Brotscheiben zuerst im Eiklar, dann in den Semmelbröseln wenden. In einer Pfanne die Butter erhitzen, die armen Ritter darin beidseitig goldbraun backen. Vor dem Anrichten mit Zimtzucker bestreuen und noch heiß servieren.

> **TIPP:** *Zitronen sind immer chemisch vorbehandelt, waschen Sie die Früchte vor dem Reiben kräftig mit heißem Wasser ab und trocknen Sie sie anschließend gut ab.*

Bananen im Schnee

3 Bananen
5 Biskotten
1 TL Rum
2 TL Wasser
2 EL Ribiselmarmelade
4 Eiklar
120 g Staubzucker
100 g geriebene Nüsse
Butter zum Ausfetten

Zubereitungszeit: 45 Minuten

Rum mit dem Wasser verdünnen, Bananen schälen, halbieren. Eine feuerfeste Form mit Butter befetten und mit den geriebenen Nüssen ausstreuen. Biskotten in die Form legen, mit dem verdünnten Rum beträufeln und mit der Marmelade bestreichen. Eiklar mit dem Zucker sehr steif schlagen, Bananenhälften auf die Biskotten legen und mit dem Eischnee garnieren. Das Backrohr auf 200 °C vorheizen, Bananen im Schnee darin 20 Minuten überbacken.

> **TIPP:** *Um wirklich schnittfesten Eischnee zu bekommen, müssen Geschirr und der Schneebesen völlig fettfrei sein und das Eiklar möglichst kalt.*

Warme Mehlspeisen

Bananenkipferln

4 Bananen
1 Pkg. Blätterteig
Saft einer halben Zitrone
50 g Kristallzucker
2 Eidotter

Zubereitungszeit: 40 Minuten

Bananen schälen, sofort mit Zitronensaft beträufeln. Blätterteig ausrollen, in 2 cm breite Streifen schneiden. Die Bananen mit den Teigstreifen spiralförmig umwickeln, mit Eidotter bestreichen und mit Kristallzucker bestreuen. Das Backrohr auf 200 °C vorheizen, das Backblech mit Backpapier belegen, Bananen aufsetzen und 25 Minuten goldgelb backen.

Besoffener Kapuziner

3 altbackene Kipferln
3 EL Staubzucker
3 Eidotter
3 Eiklar
60 g geriebenen Schokolade
geriebene Schale einer 1/2 Zitrone
1/4 l Weißwein
1 KL Zimt
2 EL Staubzucker
2 Gewürznelken
Butter zum Befetten
Brösel zum Ausstreuen

Zubereitungszeit: 1 Stunde

Altbackene Kipferln reiben, das Eiklar steif schlagen, Dotter, Staubzucker, Zitronenschale schaumig rühren. Dann abwechselnd Schokolade, Kipferlbrösel und den Eischnee unterrühren. Das Backrohr auf 180 °C vorheizen, eine Gugelhupfform mit Butter bestreichen und mit Semmelbröseln ausstreuen, Masse einfüllen und 45 Minuten backen. Kurz vor dem Ende der Backzeit Wein mit Zucker und Gewürzen erhitzen, den fertig gebackenen Kapuziner auf einen tiefen Teller stürzen und mit dem heißen Wein übergießen, sofort servieren.

Biskottenauflauf

60 g Biskotten
60 g Biskottenbrösel
4 Eidotter
4 Eiklar
1 EL Staubzucker
100 g Butter
70 g Staubzucker
1 Pkg. Vanillezucker
2 EL Rum
Butter zum Befetten
Brösel zum Ausstreuen

Zubereitungszeit: 55 Minuten

Biskotten kleinwürfelig schneiden, Eidotter mit Butter, Vanillezucker und Zucker schaumig rühren, Rum und Biskottenbrösel unterrühren. Eiklar mit 1 EL Zucker zu steifem Schnee schlagen, vorsichtig unter die Masse ziehen. Das Backrohr auf 180 °C vorheizen, kleine Auflaufförmchen mit Butter bestreichen und mit Bröseln ausstreuen. Die Masse abwechselnd mit Biskottenwürfeln in die Förmchen füllen. Im Rohr, im Wasserbad 30 Minuten backen.

Blätterteigfächer mit Kirschen

400 g Kirschen
6 EL Kirschwasser
150 g Weichselmarmelade
1 Pkg. Blätterteig
1 Ei
1 Eidotter
80 g Staubzucker
1 Prise Zimtpulver

Zubereitungszeit: 50 Minuten

Die Kirschen entsteinen, mit 2 EL Kirschwasser, Zucker und Zimt gut vermischen. Die Weichselmarmelade mit dem restlichen Kirschwasser verrühren. Das Ei mit dem Eidotter gut versprudeln. Blätterteig 3 mm dünn ausrollen, in 12-cm-Quadrate schneiden, Teigränder mit dem Eidottergemisch bestreichen, auf jedes Teig-stück 1 EL Marmelade und einige Kirschen legen, zusammenklappen, Ränder gut andrücken, zu einem Halbmond formen und in 1-cm Abständen Ränder einschneiden. Das Backrohr auf 200 °C vorheizen, Backblech mit Backpapier auslegen, die Blätterteigfächer aufsetzen, mit dem restlichen Eigemisch bestreichen und 30 Minuten goldgelb backen.

Blätterteigstrudel mit Marillen und Mohn

1 Pkg. Blätterteig
250 g geriebener Mohn
100 g geriebene Nüsse
150 g geschnittene Biskuitwürfel
90 g Butter
80 g Honig
300 g Marillen
1/4 l Milch
1 EL flüssige Butter
geriebene Schale einer Zitrone
1 MS Zimt
1 Ei

Zubereitungszeit: 1 Stunde 30 Minuten

Marillen waschen, entkernen und vierteln. Milch, 5 g Butter und Honig aufkochen lassen, Mohn und Nüsse zugeben, Zitronenschale und Zimt einrühren, überkühlen lassen. Blätterteig aufrollen mit flüssiger Butter bestreichen. Auf zwei Drittel des Teiges die Mohnmasse aufstreichen, mit den Biskuitwürfeln bestreuen und die geschnittenen Marillen darauf legen, einrollen. Das Backrohr auf 180 °C vorheizen, Backblech mit Backpapier auslegen, Blätterteigstrudel mit dem Verschluss nach unten auflegen. Die restliche Butter zerlassen, überkühlen und anschließend mit dem Ei gut versprudeln. Strudel mit diesem Eigemisch bestreichen und 1 Stunde im Rohr backen.

Buchteln

400 g Mehl
3/16 l Milch
3 Eidotter
1 Ei
abgeriebene Schale einer Zitrone
50 g Staubzucker
30 g Germ
200 g Butter
200 g Powidl
Salz

Zubereitungszeit: 1 Stunde 30 Minuten

Aus 6 EL Milch, 1 EL Zucker, 2 KL Mehl und der Germ ein Dampfl anrühren, zugedeckt, auf warmem Platz bis zur doppelten Höhe gehen lassen. Das Mehl in eine Schüssel geben, salzen. Eidotter, Ei, Zitronenschale, 100 g Butter, Staubzucker und die restliche erwärmte Milch gut vermischen. Nun das Dampfl zum Mehl geben, das Milchgemisch einrühren und den Teig gut abschlagen, zugedeckt wieder bis zur doppelten Höhe aufgehen lassen. Dann den Teig zu einer Rolle formen, 2 cm dicke Stücke abschneiden, in der Hand flach drücken, Powidl in die Mitte setzen, die Ränder hochziehen und zusammendrücken. Die restliche Butter zerlassen, Buchteln darin wälzen. In eine Auflaufform, mit der Verschlussseite nach unten, schlichten, nochmals gehen lassen. Das Backrohr auf 200 °C vorheizen, Buchteln darin 30 Minuten backen. Noch heiß stürzen und auseinander ziehen.

Erdbeerknödel

16 Erdbeeren
1/4 l Milch
30 g Butter
200 g Mehl
2 Eier
120 g Semmelbrösel
140 g Butter
Mehl zum Ausrollen
Staubzucker zum Bestreuen
1 Prise Salz

Zubereitungszeit: 45 Minuten

Für den Brandteig Milch mit der Butter und Salz aufkochen, Mehl auf einmal hineinrieseln lassen, so lange rühren, bis ein dicker Ballen entsteht, der sich vom Kochlöffel und Geschirr löst. Den Teig in eine Schüssel geben, überkühlen lassen. Die Eier gut versprudeln und nach und nach in die Masse einarbeiten, bis der Teig glatt ist. 20 Minuten rasten lassen. In dieser Zeit Erdbeeren waschen, entstielen und vorsichtig abtrocknen. Auf einer bemehlten Arbeitsfläche den Teig zu einer Rolle formen, Scheiben abschneiden, diese flach drücken, Erdbeeren in die Mitte setzen und einen Knödel formen. In einem Topf Salzwasser aufkochen lassen, Knödel einlegen, nach einem nochmaligen Aufwallen, Knödel bei geringer Hitze 10 Minuten leicht kochen lassen. In einer Pfanne die Butter

Äpfel im Schlafrock
(siehe Rezept Seite 9)

Foto: Foto Liesl Biber

Apfelstrudel
(siehe Rezept Seite 12)

Foto: Foto Liesl Biber

Erdbeerknödel
(siehe Rezept Seite 16)

Foto: Foto Liesl Biber

Kirschendalken
(siehe Rezept Seite 24)

Foto: Foto Liesl Biber

Warme Mehlspeisen

erhitzen, Semmelbrösel darin goldbraun rösten. Nach dem Ende der Kochzeit die Knödel gut abtropfen lassen, in den gerösteten Bröseln wenden, mit Staubzucker bestreut servieren.

> **TIPP**: *Verwenden Sie für Brandteig immer nur glattes Mehl, das Mehl immer auf einmal in die kochende Milch geben.*

Erdbeerstrudel

1 kg Erdbeeren
4 Strudelblätter
3 Eier
90 g Mehl
90 g Staubzucker
1 Pkg. Vanillezucker
1 EL Öl
4 EL Erdbeermarmelade
4 EL flüssige Butter
Salz

Zubereitungszeit: 45 Minuten

Eier mit dem Zucker, Salz und Vanillezucker gut verrühren, über Wasserdampf cremig schlagen, dann vom Wasserdampf nehmen und so lange schlagen, bis die Masse abgekühlt ist. Mehl und das Öl unterziehen. Das Backrohr auf 200 °C vorheizen, das Backblech mit Backpapier auslegen, den Teig aufstreichen und 8 Minuten backen. Auf ein mit Zucker bestreutes Backpapier stürzen, mitgebackenes Papier abziehen, überkühlen lassen. Vom Biskuit zwei 6 cm breite Streifen abschneiden. Die Erdbeeren waschen, entstielen und vorsichtig abtrocknen. Auf ein befeuchtetes Tuch ein Strudelblatt legen, mit flüssiger Butter bestreichen, dann das zweite Blatt darauf legen. Am unteren Ende Biskuit-streifen auflegen, mit der Marmelade bestreichen und mit der Hälfte der Erdbeeren belegen. Mit Hilfe des Tuches Strudel straff einrollen. Genauso werden die restlichen Strudelblätter, Erdbeeren und Biskuitstreifen zu einem zweiten Strudel verarbeitet. Das Backrohr auf 250 °C vorheizen, Backblech mit Backpapier auslegen, die Strudel aufsetzen, mit flüssiger Butter bestreichen und 5 Minuten im Rohr backen. Vor dem Servieren 5 Minuten rasten lassen.

Gebackene Mäuse

300 g Mehl
3/16 l Milch
2 Eidotter
30 g Staubzucker
20 g Germ
60 g Butter
1 EL Rum
50 g Rosinen
Salz
Zucker und Zimt zum Bestreuen
Öl zum Ausbacken

Zubereitungszeit: 1 Stunde

Germ mit 1 KL Zucker gut verrühren, 3 EL Milch und 2 KL Mehl dazugeben und alles glatt verrühren, bis zur doppelten Höhe aufgehen lassen. Die restliche Milch mit Butter und Zucker erwärmen. Mehl in eine Schüssel geben, salzen, Dampfl, Milchgemisch, Dotter und Rum beifügen, alles gut vermischen und so lange rühren, bis sich der Teig von der Schüssel und dem Kochlöffel löst, dann die gewaschenen Rosinen einrühren. Alles zugedeckt 30 Minuten lang gehen lassen. In einer Pfanne Öl erhitzen, mit einem in Fett getauchten Esslöffel Nockerln ausstechen, im Öl goldbraun ausbacken. Herausnehmen und auf einem Küchenpapier gut abtropfen lassen. Vor dem Servieren mit Zimtzucker bestreuen.

> **TIPP:** *Für den Germteig muss die Germ immer frisch sein, immer eine halbe Menge griffiges und eine halbe Menge glattes Mehl verarbeiten, außer Eiern sollten alle Zutaten lauwarm sein.*

Grießauflauf mit Anis und Lebkuchenobers

100 g Weizengrieß
1/2 l Milch
30 g Anis
4 Eier
1 Pkg. Vanillezucker
70 g Butter
70 g Zucker
50 g Rosinen
1/4 l Schlagobers
1 TL Lebkuchengewürz
1 Prise Salz
3 EL geriebene Haselnüsse
Butter zum Befetten

Zubereitungszeit: 1 Stunde 30 Minuten

Die Milch mit Salz, Vanillezucker und Anis aufkochen, den Grieß unter ständigem Rühren langsam einrieseln lassen, dann dickflüssig einkochen lassen. In eine Schüssel geben und zugedeckt 45 Minuten auskühlen lassen. Die Eier trennen, 30 g Zucker und Butter cremig rühren, Eiklar mit dem restlichen Zucker zu steifem Schnee schlagen. Nun die Grießmasse in den Butterabtrieb unterrühren, dann die Eidotter nach und nach einrühren. Das Backrohr auf 150 °C vorheizen, eine Auflaufform mit Butter bestreichen und mit den Haselnüssen bestreuen. Rosinen mit heißem Wasser abwaschen, abtropfen lassen und gut abtrocknen. Steifen Schnee und die Rosinen abwechselnd unter die Grießmasse heben. Dann die Masse in die

Auflaufform füllen und im Rohr 40 Minuten backen. Vor dem Servieren Schlagobers mit dem Lebkuchengewürz verrühren und locker aufschlagen, mit dem Auflauf anrichten.

Haselnuss-Waffeln

150 g Mehl
3 Eier
1 TL Backpulver
1/4 l Milch
1 Pkg. Vanillezucker
150 g geriebene Haselnüsse
50 g Staubzucker
1/2 TL Zimt
1 Prise Salz
Butter zum Befetten
Staubzucker zum Bestreuen

Zubereitungszeit: 45 Minuten

Die Eier trennen, Milch mit Eidottern und Vanillezucker versprudeln, Mehl mit Backpulver, Salz und Zimt versieben und unter die Eiermilch rühren. Das Eiklar mit Zucker zu cremigem Schnee schlagen, abwechselnd mit den Nüssen unter die Masse heben. Das Waffelgerät erhitzen, mit Butter befetten, Teig eingießen und 5–6 Minuten backen. Die Backfläche sollte dünn bedeckt sein. Waffeln herausnehmen und warm stellen, so viele Waffeln backen, bis der Teig aufgebraucht ist. Mit dieser Zutatenmenge können Sie bis zu 40 Waffeln backen.

> **TIPP**: *Haben Sie ein Waffeleisen mit Antihaftbeschichtung, können Sie auf das Einfetten verzichten.*

Heidelbeer-Honig-Nocken

300 g Heidelbeeren
6 Eiklar
2 Eidotter
2 EL Honig
1 EL Mehl
1/16 l Milch
1 EL Butter

Zubereitungszeit: 45 Minuten

Heidelbeeren waschen, gut abtropfen lassen, in eine ovale Auflaufform die Milch gießen und die Butter zugeben. Die Eiklar mit dem Honig zu steifem Schnee schlagen. Heidelbeeren, Dotter und Mehl vorsichtig unterheben. Aus dieser Masse Nocken formen und in die Auflaufform setzen. Das Backrohr auf 200 °C vorheizen, die Nocken darin 20 Minuten goldgelb backen.

> **TIPP**: *Sehr gut passt dazu eine Himbeersauce. Himbeeren pürieren und mit Honig süßen.*

Warme Mehlspesen

Heidelbeerschmarren

250 g Heidelbeeren
6 Eier
1/8 l Milch
1/8 l Sauerrahm
80 g Staubzucker
180 g Mehl
abgeriebene Schale einer halben Zitrone
2 EL Butter
1/2 Pkg. Vanillezucker

Zubereitungszeit: 45 Minuten

Heidelbeeren waschen, verlesen. Eier trennen, Milch mit Mehl, Sauerrahm, abgeriebener Zitronenschale, Vanillezucker und einer Prise Salz glatt verrühren. Zum Schluss die Eidotter einrühren. Eiklar mit Zucker zu cremigem Schnee schlagen, ein Drittel vom Schnee in den Teig einrühren, restlichen Schnee vorsichtig unterziehen. Das Backrohr auf 180 °C vorheizen. In einer Pfanne die Butter erhitzen, Teig einfüllen und gleichmäßig verteilen, mit den Heidelbeeren bestreuen. Masse bei mäßiger Hitze backen, bis die Unterseite goldbraun ist. Dann den Schmarren wenden und im vorgeheizten Rohr 5 Minuten fertig backen. Aus dem Rohr nehmen, den Schmarren zerpflücken und mit Staubzucker bestreut servieren.

Kaiserschmarren

5 Eier
200 g Mehl
4 EL Staubzucker
1/4 l Milch
50 g Butter
1 Prise Salz

Zubereitungszeit: 30 Minuten

Die Eier trennen, aus Eidotter, Mehl, Salz und Milch einen glatten Teig rühren, kurz rasten lassen. In dieser Zeit Eiklar steif schlagen und dann vorsichtig unter den Teig heben. In einer Pfanne die Hälfte der Butter erhitzen, den Teig auf einmal hineingießen, bei geringer Hitze anbraten lassen. Wenden und dabei die restliche Butter unter dem Teig zergehen lassen. Wird der Teig fest, mit 2 Gabeln in Stücke reißen, mit Staubzucker bestreuen und so lange braten, bis der Kaiserschmarren eine goldgelbe Farbe hat.

Warme Mehlspeisen

Kapuzinerknödel mit Nüssen

100 g Butter
150–200 g Semmelbrösel
100 g geriebene Walnüsse
geriebene Schale einer Zitrone
80 g Rosinen
1/4 l Milch
1 Vanilleschote
Öl zum Backen
Kakao und Staubzucker zum Bestreuen

Zubereitungszeit: 1 Stunde

Die Butter sehr schaumig rühren, dann die Eier einzeln unterrühren, Nüsse, Zitronenschale, Rosinen und Semmelbrösel beifügen und alles gut vermischen. Wenn der Teig zu weich ist, noch Semmelbrösel dazugeben. Aus dem Teig kleine Knödel formen, in einer Pfanne Öl erhitzen, darin die Knödel goldbraun backen. Herausheben und auf einem Küchenpapier gut abtropfen lassen. Vanilleschote auskratzen, den Inhalt mit der Milch einmal aufkochen. Das Backrohr auf 150 °C vorheizen, Knödel in eine Backform schlichten, mit der Vanillemilch übergießen, so lange im Rohr lassen, bis die Knödel die ganze Milch aufgesaugt haben. Vor dem Anrichten die Knödel mit Kakao und Staubzucker bestreuen.

> **TIPP:** *Da die meisten Zitronen chemisch vorbehandelt sind, müssen Sie sie vor dem Abreiben mit heißem Wasser gut abspülen und dann gut abtrocknen.*

Karamellpudding

150 g Kristallzucker
1 EL Butter
1/4 l Milch
1/4 l Obers
4 Eier
1/2 Vanilleschote
2 EL Staubzucker
1 Prise Salz
3 EL Mandelsplitter

Zubereitungszeit: 1 Stunde 15 Minuten (ohne Kühlzeit)

In einer Pfanne Butter erhitzen, Zucker beifügen und unter ständigem Rühren schmelzen, bis er hellbraun ist. Eine Puddingform mit heißem Wasser ausspülen, Boden und Seitenwände mit der Karamellmasse vollständig überziehen. Vanilleschote auskratzen, Inhalt mit Milch und Obers bei geringer Hitze heiß werden lassen. Eier mit dem Zucker und Salz schaumig rühren, dann nach und nach die Obersmilch mit dem Schneebesen einschlagen. Nun die Creme in die Puddingform füllen und im Wasserbad 40 Minuten lang kochen. Nach dem Ende der Kochzeit herausnehmen, erkalten lassen. Die Form kurz in heißes Wasser tauchen und auf eine Platte stürzen, vor dem Servieren mit Mandelsplittern garnieren.

Kastanienauflauf

130 g Kastanienreis
1/4 l Sauerrahm
70 g Weizengrieß
1 Eidotter
3 Eier
1 EL Staubzucker
1 EL Rum
1 Prise Vanillezucker
1 MS Zimt
Butter zum Ausstreichen
Staubzucker zum Bestreuen

Zubereitungszeit: 1 Stunde 30 Minuten

Sauerrahm mit Zimt und Vanillezucker verrühren, bei geringer Hitze, unter ständigem Rühren zum Kochen bringen. Kastanienreis und Grieß beifügen und alles dick einkochen lassen. Topf vom Feuer nehmen und auskühlen lassen. Auflaufformen mit Butter ausstreichen und mit Zucker bestreuen. Die Eier trennen, Eidotter und Rum nach und nach in die Grießmasse einrühren. Das Eiklar mit dem Zucker cremig schlagen. Ein Drittel davon in die Masse einrühren den restlichen Schnee vorsichtig unterheben. Das Backrohr auf 180 °C vorheizen, Kastanienmasse in die Formen füllen und im Rohr 50 Minuten lang backen.

Kastanienkroketten

500 g Kastanienpüree
2 EL Rum
20 g Staubzucker
20 g Semmelbrösel
20 g geriebene Mandeln
4 Eier
60 g gebratene Kastanien grob gehackt
30 g Schokolade grob gehackt
200 g geriebene Nüsse
Öl zum Backen
Staubzucker zum Bestreuen

Zubereitungszeit: 1 Stunde

Das Kastanienpüree mit Rum, Zucker und einem Ei gut verrühren, geriebene Nüsse und Mandeln unterrühren. Am Schluss die gehackte Schokolade und Kastanien dazugeben. Aus dieser Masse vier Rollen formen, sie sollten 2 1/2 cm dick sein. Die Rollen in 5 cm lange Stücke schneiden. Die restlichen Eier verquirlen, Kroketten zuerst in den Eiern und dann in den Semmelbröseln wenden. In einer Pfanne das Öl erhitzen, Kroketten darin schwimmend, goldgelb backen. Herausnehmen, auf einem Küchenpapier gut abtropfen lassen, vor dem Servieren mit Staubzucker bestreuen.

Warme Mehlspeisen

Kastanienpudding

120 g Kastanienreis
8 Eier
150 g Staubzucker
50 g Mehl
1/2 Pkt. Backpulver
10 g Semmelbrösel
2 EL Rum
Schlagobers zum Garnieren

Zubereitungszeit: 45 Minuten

Die Eier trennen, Eidotter mit der halben Zuckermenge schaumig schlagen, Kastanienreis mit dem Rum vermischen und unter die Eidotter rühren. Eiklar mit dem restlichen Zucker zu steifem Schnee schlagen. Mehl, Backpulver und Semmelbrösel vermischen, abwechselnd mit dem Schnee unter die Kastanien-Dotter-Masse heben. Puddingformen mit Butter bestreichen und mit Bröseln ausstreuen. Kastanienmasse zu drei Viertel in die Formen einfüllen. Das Backrohr auf 200 °C vorheizen, eine Backform 2 Fingerbreit mit Wasser anfüllen, Puddingformen mit Alufolie abdecken und in die Backform stellen. Im Backrohr 25 Minuten garen. Vor dem Servieren auf Teller stürzen, mit Schlagobers garnieren.

TIPP: *Sie können den Kastanienpudding einfrieren und je nach Bedarf wieder auftauen.*

Kirschenauflauf

500 g Kirschen
180 g Staubzucker
4 Eier
70 g geriebene Mandeln
50 g Semmelbrösel
geriebene Schale einer
1/2 Zitrone
1 MS Zimt
1 Prise Salz
Butter und Semmelbrösel für
die Auflaufform
Staubzucker zum Bestreuen

Zubereitungszeit: 1 Stunde

Kirschen waschen, entkernen. Die Eier trennen, Eidotter mit dem Zucker sehr schaumig rühren. Eiklar zu steifem Schnee schlagen, unter die Dotter heben. Dann die Mandeln, Zimt, Zitronenschale, Semmelbrösel und das Salz unterrühren. Das Backrohr auf 180 °C vorheizen, eine Auflaufform mit Butter ausstreichen und mit Bröseln ausstreuen. Die halbe Masse in die Form füllen, darauf die Kirschen legen und die restliche Masse darüber streichen. In das Rohr schieben und 40 Minuten backen. Vor dem Servieren mit Staubzucker bestreuen.

Warme Mehlspesen

Kirschendalken

200 g Mehl
1/4 l Milch
1 EL Öl
2 Eier
1 MS Backpulver
250 g Kirschen
1 Prise Salz
Butter zum Ausbacken
Staubzucker zum Bestreuen

Zubereitungszeit: 30 Minuten

Kirschen waschen, gut abtrocknen und entkernen. Mehl mit Backpulver und Salz versieben. Die Eier trennen, Eidotter mit Milch und Öl gut vermischen, Mehl einrühren und alles zu einem glatten Teig rühren. Das Eiklar zu einem steifen Schnee schlagen und unter den Teig heben, die Kirschen vorsichtig unterrühren. In einer Pfanne die Butter erhitzen, Dalken darin von beiden Seiten goldgelb backen, herausnehmen, sofort mit Staubzucker bestreuen und heiß servieren.

> **TIPP**: *Sie können die Dalken (kleine Fladen) auch mit Weichseln oder Heidelbeeren zubereiten. Haben Sie die Früchte unter den Teig gerührt, darf dieser nicht stehen bleiben, verarbeiten Sie ihn sofort weiter.*

Kokos-Grieß-Schmarren

1/4 l Kokosmilch
4 Eier
1 Pkg. Vanillezucker
50 g Butter
80 g Staubzucker
60 g Grieß
60 g Kokosette
1/8 l Crème fraîche
geriebene Schale einer
1/2 Zitrone
1 Prise Salz
1 EL Butter
2 EL Kristallzucker

Zubereitungszeit: 45 Minuten

Kokosmilch mit 50 g Butter, Salz, Vanillezucker und der Zitronenschale aufkochen, Grieß unter Rühren dazugeben und alles dick einkochen, Kokosette untermischen. Die Eier trennen, Masse in eine Schüssel geben, Eidotter nach und nach einrühren, überkühlen lassen. Das Eiklar mit dem Zucker zu festem Schnee schlagen, das Backrohr auf 180 °C vorheizen. Crème fraîche unter die Masse rühren, den Schnee abwechselnd mit dem Mehl unterheben. In einer Pfanne 1 EL Butter erhitzen, Zucker karamellisieren, den Teig eingießen und bei geringer Hitze kurz anbacken. Im Rohr 6 Minuten backen, Pfanne herausnehmen, den Schmarren wenden, auf dem Herd so lange backen, bis die Unterseite goldgelb ist. Schmarren mit 2 Gabeln zerreißen, vor dem Servieren mit Staubzucker bestreuen.

> **TIPP**: *Wollen Sie die Kokosmilch selbst zubereiten, kochen Sie 1/2 l Milch mit 150 g Kokosett auf, lassen alles abkühlen und pressen die Milch dann durch ein Tuch.*

Warme Mehlspeisen

Kürbisstrudel

1 Pkg. Strudelblätter
3 EL flüssige Butter
500 g Speisekürbis
80 g brauner Zucker
1/2 Pkg. Vanillezucker
60 g Semmelbrösel
50 g Butter
1 EL Staubzucker
1/2 TL Zimt
1 MS Ingwerpulver

Zubereitungszeit: 1 Stunde 15 Minuten

In einer Pfanne die Butter erhitzen, Semmelbrösel, Zimt und Zucker dazugeben und alles goldbraun rösten. Den Kürbis schälen, das Fruchtfleisch grob raspeln, mit Zucker, Vanillezucker, Ingwer und Zimt gut vermischen. Das Backrohr auf 180 °C vorheizen, ein Backblech mit Backpapier auslegen. Ein Strudelblatt auf ein befeuchtetes Tuch legen, mit flüssiger Butter bestreichen, das zweite Blatt auflegen. Zwei Drittel der Strudelblätter mit den Butterbröseln bestreuen, Kürbisfülle darauf setzen. Freie Teigstücke mit flüssiger Butter beträufeln. Seitenränder einschlagen, mit Hilfe des Tuches Strudel fest einrollen, mit Butter bestreichen, auf das Backblech setzen und 35 Minuten backen, aus dem Rohr nehmen und nochmals mit flüssiger Butter bestreichen.

Lebkuchenpudding

250 g Lebkuchenbrösel
50 g geriebene Schokolade
180 g Butter
3 EL Rum
6 Eier
60 g Zucker
60 g gemahlene Mandeln
1 MS Zimt
Butter und Zucker für die Form

Zubereitungszeit: 1 Stunde 20 Minuten

Eier trennen, Eidotter mit Butter und Zucker schaumig rühren, dann Zimt, Schokolade, Lebkuchenbrösel, Rum und Mandeln unterrühren. Das Eiklar sehr steif schlagen und vorsichtig unterheben. Das Backrohr auf 200 °C vorheizen. Eine Puddingform mit Butter ausstreichen und mit Staubzucker bestreuen, Lebkuchenmasse einfüllen und 1 Stunde im Wasserbad im Rohr garen. Nach dem Ende der Garzeit Pudding stürzen.

> **TIPP**: *Puddingform nur bis zu zwei Drittel mit der Lebkuchenmasse füllen. Haben Sie keine Puddingform für das Wasserbad nehmen Sie eine hohe feuerfeste Form, die Sie gut mit Alufolie oder einem gefetteten Pergamentpapier abdecken.*

Warme Mehlspesen

Mandelkoch mit Schokoladesauce

50 g Staubzucker
50 g Butter
3 Eidotter
3 Eiklar
30 g Schokolade
40 g gehackte Mandeln
1 EL Brösel
1 EL Rum
1/4 l Wasser
120 g Staubzucker
150 g Schokolade
50 g Butter
1/16 l Rum
1/16 l Obers
Butter zum Befetten
Brösel zum Bestreuen

Zubereitungszeit: 1 Stunde

Schokolade über Wasserdampf erweichen, Eier trennen. Butter mit der Hälfte des Zuckers und den Dottern schaumig rühren, dann die Schokolade dazugeben und alles gut verrühren. Eiklar mit dem restlichen Zucker zu steifem Schnee schlagen, Brösel mit Mandeln vermischen. Abwechselnd wird nun Schnee und die Brösel-Mandel-Mischung unter die Masse gerührt, am Schluss den Rum beifügen. Das Backrohr auf 170 °C vorheizen, Puddingformen oder Tassen mit Butter befetten und mit Bröseln ausstreuen. Die Masse zu zwei Drittel in die Formen füllen, in eine Auflaufform 1 cm Wasser einfüllen, Formen hineinstellen und 35 Minuten in das Rohr geben. In dieser Zeit die Schokosauce zubereiten. Wasser und Zucker aufkochen, so lange leise kochen lassen, bis der Zucker Fäden spinnt, dann die zerkleinerte Schokolade zufügen, bei geringer Hitze zergehen lassen. Butter und Rum beifügen, nochmals aufkochen und mit Obers vollenden. Nach Ende der Garzeit Mandelkoch auf Teller stürzen und mit der Schokoladesauce servieren.

Mandelschmarren

6 Eier
180 g Butter
1/2 l Milch
1 Pkg. Vanillezucker
100 g ungeschälte geriebene Mandeln
200 g Mehl
100 g Rosinen
100 g Zucker
3 EL Kristallzucker
1 MS Zimt
abgeriebene Schale einer Zitrone
Staubzucker zum Bestreuen

Zubereitungszeit: 50 Minuten

Eier trennen, 120 g Butter mit dem Vanillezucker schaumig rühren, Eidotter nach und nach unterrühren. Gesiebtes Mehl, Mandeln und die Milch gut versprudeln, in den Butterabtrieb geben und alles sehr gut vermengen. Die Eiklar mit dem Zucker zu steifem Schnee schlagen und mit der Zitronenschale vorsichtig unter den Teig heben. Das Backrohr auf 200 °C vorheizen. In einer Pfanne die restliche Butter erhitzen, den Teig eingießen und im Rohr 35 Minuten backen. In dieser Zeit die Rosinen mit heißem Wasser waschen, abtropfen lassen und gut abtrocknen. Nach dem Ende der Backzeit Pfanne aus dem Rohr nehmen,

Schmarren mit Hilfe von 2 Gabeln in Stücke reißen. Auf dem Herd nochmals gut durchrösten, am Schluss die Rosinen, Zimt und Zucker dazugeben. Kurz zum Ausdünsten in das abgedrehte Backrohr stellen. Vor dem Servieren mit Staubzucker bestreuen.

> **TIPP:** *Um wirklich steifen Schnee zu bekommen, müssen Geschirr und der Schneebesen völlig fettfrei und das Eiklar möglichst kalt sein. Bevor Sie die Zitronenschale abreiben, müssen Sie sie mit heißem Wasser abwaschen und sehr gut abtrocknen.*

Marillenknödel aus Brandteig

250 g Mehl
1/8 l Wasser
1/8 l Milch
60 g Butter
2 Eidotter
750 g Marillen
kleiner Würfelzucker
80 g Butter
100 g Semmelbrösel
Salz
Staubzucker zum Bestreuen

Zubereitungszeit: 30 Minuten

Milch, Wasser, Butter zum Kochen bringen, etwas salzen. Das Mehl rasch einlaufen lassen, bei geringer Hitze so lange rühren, bis der Teig sich vom Boden und Kochlöffel löst, überkühlen lassen. In der Zeit die Marillen waschen, abtropfen, halbieren und entkernen. An Stelle des Kerns ein Stück Würfelzucker hineingeben. Die Eidotter nacheinander in den Teig rühren, so lange durcharbeiten, bis ein glatter Teig entsteht. Teig zu einer Rolle formen, 30 Scheiben abschneiden, in der Hand flach drücken, die Marille in die Mitte setzen und vollständig mit dem Teig umhüllen. Salzwasser aufkochen und Knödel darin 8–10 Minuten schwach kochen. In einer Pfanne Butter erhitzen, Semmelbrösel darin goldbraun rösten. Knödel aus dem Topf heben, abtropfen und in den gerösteten Bröseln wenden, vor dem Servieren mit Staubzucker bestreuen.

> **TIPP:** *Für Brandteig immer nur glattes Mehl verwenden. Das Mehl auf einmal in die kochende Flüssigkeit geben.*

Warme Mehlspesen

Marillen-Reis-Auflauf

500 g Marillen
150 g Reis
1/2 l Milch
60 g Butter
2 Eidotter
2 Eiklar
2 EL Staubzucker
abgeriebene Schale einer
1/2 Zitrone
Butterflocken
Butter zum Befetten
1 Prise Salz

Zubereitungszeit: 1 Stunde 15 Minuten

Marillen waschen, halbieren und entkernen, gesalzene Milch mit Reis bei geringer Hitze 30 Minuten quellen lassen, kalt stellen. Butter mit Zucker und der Zitronenschale schaumig rühren, Eindotter einrühren. Eiklar zu steifem Schnee schlagen, Reis unter den Butterabtrieb heben, Schnee unterziehen. Das Backrohr auf 180 °C vorheizen, eine Auflaufform mit Butter ausstreichen. Die Hälfte des Reises in die Form füllen, Marillenhälften darauf verteilen, mit restlichem Reis bedecken. Butterflocken darauf setzen und im Rohr 30 Minuten backen.

Marillen-Topfen-Strudel

1 Pkg. Strudelblätter
150 g Marillen
50 g Butter
150 g passierten Topfen
2 Eier
abgeriebene Schale einer
1/2 Zitrone
50 g Staubzucker
1 TL Vanillezucker
1/8 l Sauerrahm
30 g Mehl
1 Prise Salz
Butter zum Bestreichen
Staubzucker zum Bestreuen

Zubereitungszeit: 1 Stunde 15 Minuten

Marillen waschen, entkernen und vierteln. Eier trennen, Eiklar mit Zucker zu festem Schnee schlagen. Butter, Zitronenschale, Vanillezucker und Salz cremig rühren, Eidotter und Topfen abwechselnd unter den Abtrieb rühren. Sauerrahm und ein Drittel vom Schnee unter die Topfenmasse rühren, den restlichen Schnee abwechselnd mit dem Mehl unterheben. Das Backrohr auf 180 °C vorheizen, eine Backform mit Butter ausstreichen. Auf ein befeuchtetes Tuch ein Strudelblatt legen, mit flüssiger Butter bestreichen, dann das zweite Blatt drauflegen. Topfenfülle auf dem oberen Drittel des Teiges verstreichen, die Marillen darauf verteilen. Freie Teigflächen mit flüssiger Butter bestreichen. Die Seitenränder einschlagen und mit Hilfe des Tuches alles zu einem festen Strudel einrollen, wieder mit flüssiger Butter bestreichen. Strudel in die Backform legen und im Rohr 30 Minuten backen. Nach dem Ende der Backzeit aus dem Rohr nehmen, nochmals mit flüssiger Butter bestreichen und 15 Minuten rasten lassen. Vor dem Servieren mit Staubzucker bestreuen und in Stücke schneiden.

Warme Mehlspeisen

Marzipanauflauf

150 g geriebene Mandeln
150 g Rohmarzipan
6 Eier
100 g Butter
100 g Staubzucker
60 g Semmelbrösel
1 MS Zimt
4 Tropfen Bittermandelöl
Butter und Mehl für die Form
Staubzucker zum Bestreuen

Zubereitungszeit: 1 Stunde

Marzipan kleinwürfelig schneiden, Semmelbrösel und Mandeln gut vermischen. Butter, Marzipan, Zimt, Bittermandelöl und 1/3 vom Staubzucker cremig rühren. Eier trennen, Eidotter nach und nach unter den Abtrieb rühren. Eiklar mit restlichem Zucker zu steifem Schnee schlagen. Backrohr auf 180 °C vorheizen, Kuchenform mit Butter bestreichen und mit Mehl bestreuen. Ein Drittel vom Eischnee in die Marzipanmasse rühren, Bröselmischung und restlichen Schnee vorsichtig unterheben. Auflauf in die Form füllen und 20 Minuten backen. Vor dem Servieren mit Staubzucker bestreuen.

> **TIPP:** *Rohmarzipan hat einen geringen Zuckergehalt, ist weich und leicht formbar. Marzipan besteht aus Rohmarzipan welches mit Zucker verknetet wird. Es ist zum Backen nicht geeignet, da es zu fest wird und bröckelt.*

Marzipan-Powidl-Pofesen

100 g Powidl
100 g Rohmarzipan
8 Scheiben Toastbrot
2 Eier
2 Eidotter
1/4 l Milch
4 EL Staubzucker
1/8 l Weißwein
1 TL Zimt
Öl zum Ausbacken

Zubereitungszeit: 30 Minuten

Die Hälfte der Toastscheiben mit Powidl bestreichen, das Marzipan in dünne Scheiben schneiden und auf die Toastscheiben legen. Mit dem restlichen Toastbrotscheiben abdecken. Milch mit den Eiern und Zucker gut vermischen. Das Toastbrot vierteln und die Stücke in das Milchgemisch tauchen. In einer Pfanne das Öl erhitzen, Pofesen darin goldgelb backen, herausheben und auf einem Küchenpapier gut abtropfen lassen. Für den Zimtschaum Dotter mit Wein, Zimt und Zucker über Wasserdampf zu einem festen Schaum schlagen. Pofesen mit dem Zimtschaum servieren.

Warme Mehlspesen

Millirahm-Strudel

1 Pkg. Strudelblätter
250 g Toastbrot
1/8 l Milch
60 g Staubzucker
50 g Butter
50 g Topfen
6 Eier
1/16 l Sauerrahm
50 g Rosinen
60 g Staubzucker
3/8 l Milch
1 TL Vanillezucker
1 Prise Salz
abgeriebene Schale von
1/2 Zitrone
flüssige Butter zum Bestreichen
Staubzucker zum Bestreuen

Zubereitungszeit: 1 Stunde 30 Minuten

Rosinen heiß abwaschen, abtropfen lassen und gut abtrocknen. Das Toastbrot entrinden, kleinwürfelig schneiden und mit 1/8 l Milch beträufeln. Für den Überguss 3/8 l Milch, 3 Eier und 40 g Zucker gut versprudeln. Restliche Eier trennen, Butter mit Staubzucker, Salz, Vanillezucker und der Zitronenschale cremig rühren, Eidotter und Topfen abwechselnd einrühren. Sauerrahm und ausgedrücktes Toastbrot unter die Masse rühren. Eiklar mit 20 g Zucker zu steifem Schnee schlagen und unter die Fülle heben. Das Backrohr auf 180 °C vorheizen, eine Form mit Butter ausstreichen. Ein Strudelblatt auf ein befeuchtetes Tuch legen, ein Strudelblatt auflegen, mit flüssiger Butter bestreichen, das zweite Blatt auflegen. Die Fülle auf zwei Drittel des Teiges verteilen, mit den Rosinen bestreuen, freie Teile mit flüssiger Butter bestreichen. Seitenränder einschlagen und mit Hilfe des Tuches zu einem festen Strudel rollen. Strudel in die Form legen, mit flüssiger Butter bestreichen. Ein Drittel des Übergusses über den Strudel gießen, im Rohr 1 Stunde backen, dabei immer wieder mit dem Überguss begießen. Vor dem Servieren Strudel in Stücke schneiden und mit Staubzucker bestreuen.

Mohnkoch

4 Eidotter
2 Eiklar
50 g Butter
70 g Staubzucker
1 Pkg. Vanillezucker
2 Semmeln
etwas Milch zum Einweichen
50 g geriebene Mandeln
70 g geriebener Mohn
Butter und Zucker für die Puddingform

Zubereitungszeit: 40 Minuten

Semmeln feinblättrig schneiden, mit der Milch beträufeln, Eidotter, Butter, Vanillezucker und Staubzucker schaumig schlagen. Semmeln ausdrücken, passieren und unter den Abtrieb rühren. Das Eiklar zu steifem Schnee schlagen, abwechselnd mit dem Mohn und den Mandeln unter die Masse heben. Eine Puddingform mit Butter befetten und bezuckern, Masse einfüllen und 25 Minuten im Wasserbad kochen. Nach dem Ende der Kochzeit auf einen Teller stürzen, mit Zwetschkenröster servieren.

Warme Mehlspeisen

Mohnnudeln

*500 g gekochte, mehlige
Erdäpfel
50 g Grieß
100 g Mehl
50 g flüssige Butter
1 Eidotter
100 g Staubzucker
100 g gemahlener Mohn
1 EL Butter
1 Prise Salz*

Zubereitungszeit: 1 Stunde

Die Erdäpfel schälen, pressen, mit Eidotter, Mehl, Grieß, Butter und Salz zu einem glatten Teig verkneten. Auf einer bemehlten Arbeitsfläche zwei 2 cm dicke Rollen formen, diese in 1 1/2 cm starke Scheiben schneiden, mit der Hand Nudeln formen. Reichlich Salzwasser zum Kochen bringen, Nudeln einlegen und 5 Minuten schwach wallend kochen lassen. In dieser Zeit Mohn und Staubzucker gut vermischen, in einer Pfanne die Butter erhitzen und das Mohn-Zucker-Gemisch anrösten. Gekochte Nudeln aus dem Topf heben, abtropfen lassen und im Mohnzucker wälzen.

Mohr im Hemd

*50 g Butter
30 g Staubzucker
50 g Schokolade
3 Eidotter
3 Eiklar
30 g Kristallzucker
1 TL Vanillezucker
50 g geriebene Mandeln
1/8 l Wasser
130 g Schokolade
50 g Zucker
1/8 l Schlagobers
Butter und Zucker für die Formen*

Zubereitungszeit: 1 Stunde

Die Schokolade klein schneiden, im Wasserbad schmelzen, überkühlen lassen. Butter mit Zucker und Vanillezucker cremig rühren, die Eidotter nach und nach unterrühren, zuletzt die geschmolzene Schokolade dazugeben. Das Backrohr auf 200 °C vorheizen, vier kleine feuerfeste Formen mit Butter bestreichen und mit Zucker bestreuen. Eiklar mit dem Kristallzucker zu steifem Schnee schlagen. Schnee und die Mandeln abwechselnd unter den Butterabtrieb heben. Die Formen zu drei Viertel mit der Masse füllen, 1 cm hoch in ein Wasserbad stellen, im Rohr 40 Minuten garen. In dieser Zeit für die Schokosauce das Wasser mit der klein geschnittenen Schokolade und Kristallzucker unter ständigem Rühren aufkochen lassen. Am Ende der Garzeit Mohren aus der Form stürzen und mit der Schokosauce und steif geschlagenem Schlagobers servieren.

Warme Mehlspesen

Mozartknödel

300 g Erdäpfel
1 Eidotter
30 g Butter
1 EL Staubzucker
80 g Mehl
50 g Grieß
12 Mozartkugeln
30 g Butter
300 g geriebene Haselnüsse
abgeriebene Zitronenschale einer 1/4 Zitrone
Staubzucker zum Bestreuen

Zubereitungszeit: 1 Stunde 15 Minuten

Die Erdäpfel waschen, kochen, mit kaltem Wasser abschrecken, schälen und noch heiß pressen. Butter, Zucker, Zitronenschale, Dotter, Mehl und Grieß zu den gepressten Erdäpfeln geben und alles zu einem glatten Teig verkneten, 10 Minuten rasten lassen. Auf einer bemehlten Arbeitsfläche den Teig zu einer Rolle formen und in 12 Scheiben teilen. Jede Scheibe mit der Hand flach drücken, in die Mitte eine Mozartkugel legen und diese mit dem Teig umhüllen, Knödel formen. Salzwasser zum Kochen bringen, Knödel einlegen und bei geringer Hitze 10 Minuten ziehen lassen. Inzwischen in einer Pfanne die Butter erhitzen, Haselnüsse darin anrösten. Nach dem Ende der Kochzeit, Knödel aus dem Wasser heben, abtropfen lassen und in den Nüssen wälzen. Zum Servieren mit Staubzucker bestreuen.

> **TIPP:** *Legen Sie die Mozartkugeln vor der Zubereitung kurze Zeit in das Tiefkühlfach, sie schmelzen dann nicht so schnell.*

Nusskoch

30 g Staubzucker
30 g Butter
125 g Biskuitbrösel
4 Eier
1/8 l Milch
40 g geriebene Haselnüsse
50 g Staubzucker
20 g Mehl
1 MS Zimt
1/2 Pkg. Vanillezucker
1 Prise Salz
abgeriebene Schale einer 1/2 Zitrone
Butter und Zucker für die Formen

Zubereitungszeit: 1 Stunde 30 Minuten

Brösel in Milch einweichen, die Eier trennen. Vier feuerfeste Formen mit Butter befetten und mit Zucker bestreuen, das Backrohr auf 180° vorheizen. Butter mit Vanillezucker, Staubzucker, Salz, Zimt und Zitronenschale cremig rühren. Die Eidotter nach und nach einrühren, Eiklar mit dem Zucker zu steifem Schnee schlagen, Mehl mit den Nüssen gut vermischen. Biskuitbrösel unter den Abtrieb rühren, dann den Schnee und zuletzt die Mehl-Nuss-Mischung unterheben. Formen mit der Nussmasse füllen, aber nur zu zwei Drittel, auf ein Backblech stellen und 40 Minuten backen. Vor dem Servieren aus der Form stürzen und mit Staubzucker bestreuen.

Millirahm-Strudel
(siehe Rezept Seite 30)

Foto: GUSTO / Stefan Liewehr

Nussstrudel
(siehe Rezept Seite 33)

Foto: Foto Liesl Biber

Salzburger Nockerl
(siehe Rezept Seite 36)

Foto: GUSTO / Stefan Liewehr

Schneenockerln

(siehe Rezept Seite 37)

Foto: Foto Liesl Biber

Warme Mehlspeisen

Nusspalatschinken

100 g Mehl
2 Eier
2 EL Öl
1/4 l Milch
200 g geriebene Walnüsse
1/8 l Obers
50 g Staubzucker
1 Pkg. Vanillezucker
abgeriebene Schale einer Orange
3 EL Orangenlikör
1 Prise Salz
1 Prise Zimt
1/8 l Schlagobers
Öl zum Ausbacken

Zubereitungszeit: 45 Minuten

Milch mit Eiern, Salz und Öl gut versprudeln, das Mehl einrieseln lassen und alles gut verrühren, bis ein glatter Teig entsteht, 15 Minuten rasten lassen. In dieser Zeit die Fülle zubereiten. Obers mit Vanillezucker, Orangenschale, Zimt und Zucker gut verrühren, aufkochen, dann die Nüsse einrühren, kurz rösten. Vom Herd nehmen und den Likör unterrühren. In einer Palatschinkenpfanne wenig Öl erhitzen, aus dem Teig acht Palatschinken backen. Diese dann mit der Fülle bestreichen, zusammenklappen, mit Staubzucker bestreuen und mit dem geschlagenen Obers servieren.

Nussstrudel

400 g Mehl
500 g Erdäpfel
1/2 Pkg. Backpulver
150 g Staubzucker
200 g Butter
2 Eier
Schale und Saft einer 1/2 Zitrone
350 g geriebene Nüsse
3 EL Honig
1 MS Zimt
3/16 l Milch
50 g Rosinen

Zubereitungszeit: 1 Stunde 45 Minuten

Erdäpfel waschen, kochen, schälen und passieren, überkühlen lassen. Eier verquirlen, den Staubzucker sieben, Mehl mit dem Backpulver gut vermischen und mit der Butter abbröseln, dann mit Erdäpfeln, Zitronensaft, Zitronenschale, Zucker und ungefähr 1 1/2 Eiern zu einem Teig verkneten, 30 Minuten rasten lassen. In dieser Zeit die Fülle zubereiten, Milch aufkochen lassen, Nüsse, Honig, Zimt, Rosinen dazugeben und zu einer streichfähigen Masse verrühren. Das Backrohr auf 180 °C vorheizen, Teig zu einem Rechteck, 1/2 cm dick, ausrollen, mit der Fülle bestreichen. Dann einrollen, mit dem restlichen Ei bestreichen und mit einer Gabel anstechen. Ein Backblech mit Backpapier auslegen, Strudel darauf setzen und 40 Minuten goldbraun backen.

Warme Mehlspesen

Ödenburger Auflauf

250 g Bandnudeln
100 g Staubzucker
90 g Butter
4 Eier
1/2 l Milch
1 Pkg. Vanillezucker
100 g geriebener Mohn
50 g Rosinen
1/2 TL Zimt
1 TL Salz
Butter und Semmelbrösel für die Form

Zubereitungszeit: 1 Stunde

Rosinen heiß waschen, gut abtropfen lassen und trocknen. Eine Auflaufform mit Butter bestreichen und mit Semmelbröseln bestreuen. Die Eier trennen, Bandnudeln mehrmals brechen. Die Milch mit Vanillezucker und dem Salz aufkochen, Nudeln darin bei geringer Hitze weich kochen. Dann abseihen und überkühlen lassen. Die Butter mit 30 g Zucker cremig rühren, nach und nach die Eidotter einrühren. Das Eiklar mit 30 g Zucker steif schlagen. Die Nudeln mit dem Abtrieb gut vermischen und den Eischnee vorsichtig unterheben. Das Backrohr auf 200 °C vorheizen, restlichen Zucker mit Zimt vermischen, die Hälfte der Nudelmasse in die Form geben, darauf den Mohn, Rosinen und Zimtzucker verteilen. Mit etwas flüssiger Butter beträufeln und darauf die restliche Nudelmasse füllen. Im Rohr 30 Minuten goldbraun backen.

Orangensalat

3 Orangen
1 großer Apfel
50 g Kristallzucker
Saft einer Orange
Saft einer Zitrone
5 EL Himbeeren

Zubereitungszeit: 30 Minuten

Orangen schälen, in Segmente teilen, Apfel schälen und in kleine Stücke schneiden. Mit Zitronensaft, Orangensaft und dem Zucker abschmecken und vorsichtig erhitzen. Die Himbeeren dazugeben und sofort servieren.

> **TIPP**: *Man kann den Orangensalat auch flambiert servieren. Dazu gibt man ein Glas Himbeer-geist in einen Schöpfer, erhitzt ihn, zündet den Himbeergeist an und gießt ihn über den Salat.*

Pfirsich-Reis-Auflauf

1 l Milch
200 g Reis
4 Eier
3 EL Staubzucker
50 g Butter
4 Pfirsiche
1 Tasse Milch
abgeriebene Schale einer Zitrone
1 Prise Salz

Zubereitungszeit: 1 Stunde 30 Minuten

Gesalzene Milch zum Kochen bringen, Reis auf kleiner Flamme darin aufquellen lassen. Inzwischen Butter mit 3 Eiern und Zucker schaumig rühren. Mit Zitronenschale unter den abgekühlten Reis rühren. Pfirsiche kurz in kochendes Wasser legen, mit kaltem Wasser abschrecken, die Haut abziehen, halbieren, entkernen und Fruchtfleisch in dicke Streifen schneiden. Das Backrohr auf 200 °C vorheizen, eine Auflaufform mit Butter ausstreichen, die Hälfte der Reismasse hineingeben, die Pfirsiche darauf verteilen und mit dem restlichen Reis abdecken. Ein Ei mit einer Tasse Milch verquirlen und über den Auflauf gießen, mit Butterflocken belegen und 50 Minuten im Rohr goldgelb überbacken.

Rahmauflauf

1/4 l Sauerrahm
4 Eier
60 g Staubzucker
1/2 Pkg. Vanillezucker
60 g Mehl
1 Prise Salz
Butter zum Ausstreichen
Mehl zum Ausstreuen

Zubereitungszeit: 1 Stunde

Eier trennen, Sauerrahm mit Staubzucker, Eidottern, Vanillezucker und Salz gut verrühren. Am Schluss das gesiebte Mehl beifügen und alles glatt verrühren. Die Eiklar steif schlagen, nach und nach Zucker einrieseln lassen und zu steifem Schnee ausschlagen, unter den Rahmabtrieb heben. Das Backrohr auf 180 °C vorheizen, eine Auflaufform mit Butter ausstreichen und mit Mehl ausstreuen. Rahmmasse in die Form füllen und 40 Minuten goldgelb backen.

Warme Mehlspesen

Rhabarberauflauf

500 g Rhabarber
120 g Zucker
2 EL Himbeersirup
120 g Zwieback
3 Eidotter
3 Eiklar
1/8 l Schlagobers
1 Pkg. Vanillezucker
50 g gehackte Haselnüsse
50 g Zucker
1 EL Butter

Zubereitungszeit: 45 Minuten

Rhabarber putzen, allerdings nicht die Fäden abziehen, waschen und in 2-cm-Stücke schneiden, dickere Stücke halbieren. Mit Himbeersirup und Zucker verrühren, einige Zeit stehen lassen, damit sich der Saft bildet, dann 10 Minuten weich dünsten. Eidotter mit Obers und Vanillezucker aufschlagen. Das Backrohr auf 180 °C vorheizen, eine Auflaufform mit Butter ausstreichen. Den Boden der Form mit Zwieback auslegen, das Dotter-Obers-Gemisch darüber gießen, mit den Haselnüssen bestreuen und den Rhabarber darauf verteilen. Eiklar zu sehr festem Schnee schlagen, Zucker unterheben und auf den Rhabarber verteilen, aber nicht glatt streichen. Im Rohr 25 Minuten backen.

> **Tipp:** *Um wirklich schnittfesten Schnee zu bekommen, muss das Geschirr und der Schneebesen völlig fettfrei sein und das Eiklar möglichst kalt.*

Salzburger Nockerln

10 Eiklar
6 Eidotter
1/8 l Milch
1 TL Butter
60 g Staubzucker
2 Pkg. Vanillezucker
50 g Mehl
abgeriebene Schale einer 1/2 Zitrone
Staubzucker zum Bestreuen

Zubereitungszeit: 30 Minuten

Das Backrohr auf 220 °C vorheizen, die Milch mit der Hälfte des Vanillezuckers gut verrühren und die Butter beifügen. Milch in eine Auflaufform gießen und in das Rohr stellen. Eiklar mit 20 g Zucker zu Schnee schlagen, restlichen Vanillezucker, Zucker und die Zitronenschale unterrühren, den Schnee nun sehr steif schlagen. Eidotter verrühren und vorsichtig unter den Schnee ziehen, ebenso das Mehl vorsichtig unterheben. Aus der Schneemasse drei Nocken abstechen, diese in die vorgewärmte Auflaufform setzen, im Rohr 10 Minuten backen. Nach dem Ende der Backzeit die Salzburger Nockerln herausnehmen, mit Staubzucker bestreuen und sofort servieren.

Warme Mehlspeisen

Scheiterhaufen

500 g Milchbrot
4 Eier
3/8 l Milch
1 Pkg. Vanillezucker
100 g Staubzucker
500 g Äpfel
50 g Rosinen
1/2 Zimtstange
1/8 l Weißwein
Saft einer 1/2 Zitrone
1 Prise Salz
3 EL Rum
Butter und Semmelbrösel für die Form
Staubzucker zum Bestreuen

Zubereitungszeit: 1 Stunde 45 Minuten

Das Backrohr auf 180 °C vorheizen, eine Auflaufform mit Butter bestreichen und mit Semmelbröseln bestreuen. Rosinen mit heißem Wasser waschen, abtropfen und abtrocknen. Äpfel schälen, vierteln, Kerngehäuse entfernen und in Scheiben schneiden. Wein mit 3 EL Zucker und Zimtstange aufkochen, Apfelscheiben einlegen und weich dünsten. Herausheben und gut abtropfen. Das Milchbrot in fingerdicke Scheiben schneiden. Die Eier trennen, Milch mit Salz, Rum, Eidottern und Zitronensaft gut versprudeln. Eiermilch über Milchbrot gießen und 10 Minuten ziehen lassen. Das Eiklar mit 50 g Zucker zu Schnee schlagen, restlichen Zucker beifügen und steif ausschlagen. Rosinen, Milchbrot und Äpfel vorsichtig unter den Schnee heben. Masse in die Auflaufform füllen und im Rohr 1 Stunde backen. Scheiterhaufen vor dem Servieren mit Staubzucker bestreuen.

Schneenockerln mit Nougatcreme

4 Eier
1 l Milch
1/4 l Schlagobers
30 g Staubzucker
10 g Maizena
1 Prise Salz
100 g Nougatschokolade
80 g Staubzucker
3 EL Weinbrand

Zubereitungszeit: 30 Minuten

Die Eier trennen, Nougatschokolade kleinwürfelig schneiden. 1/4 l Milch mit Schlagobers, Salz und Zucker aufkochen, geschnittene Schokolade beifügen, mit dem Schneebesen unterrühren, so lange rühren, bis sie aufgelöst ist. 5 EL Milch mit Eidotter und Maizena gut verrühren und dann in die kochende Milch gießen, nochmals aufkochen lassen, dann überkühlen. Eiklar mit 30 g Staubzucker zu festem Schnee schlagen. Restliche Milch aufkochen lassen, aus dem Schnee mit Hilfe eines Löffels Nockerln ausstechen, in der Milch 3 Minuten kochen, herausnehmen und gut abtropfen lassen. Die Nougatsauce mit dem Weinbrand verfeinern, vor dem Servieren in kleine Schüsseln gießen, die Schneenockerln darauf setzen.

Warme Mehlspesen

Schokoladeauflauf

1/4 l Milch
100 g Butter
1 Pkg. Vanillezucker
80 g Kochschokolade
5 Eier
1 Eidotter
150 g Mehl
100 g Staubzucker
1 MS Zimt
1 Prise Salz
Butter und Mehl für die Form
Staubzucker zum Bestreuen

Zubereitungszeit: 1 Stunde 15 Minuten

Eine Auflaufform mit Butter bestreichen und mit Mehl bestreuen. Das Backrohr auf 160° vorheizen. Die Eier trennen und die Schokolade grob hacken. Die Milch mit Vanillezucker, Zimt und Salz aufkochen lassen, das Mehl auf einmal in die kochende Milch geben, alles gut verrühren. So lange, bei geringer Hitze, kochen, bis der Teig sich vom Boden löst, in eine Schüssel geben und die Schokolade einrühren. Nun die Eidotter nach und nach im Teig einarbeiten, anschließend auskühlen lassen. Das Eiklar mit dem Zucker cremig schlagen und vorsichtig unter die Masse heben. Auflauf in die Form füllen und 50 Minuten im Rohr backen. Nach dem Ende der Backzeit Auflauf aus dem Rohr nehmen und mit Staubzucker bestreuen.

Schokoladeknödel

300 g gekochte Erdäpfel
50 g Mehl
40 g Grieß
1 Eidotter
12 Nougatkugeln
120 g Butter
150 g Semmelbrösel
2 EL Zucker
1 Pkg. Vanillezucker
1 Prise Salz
1/2 MS Muskatnuss

Zubereitungszeit: 40 Minuten

Erdäpfel schälen, pressen, mit Eidotter, Grieß, Mehl, Salz und Muskatnuss zu glattem Teig verkneten. Teig auf einer bemehlten Arbeitsfläche zu einer Rolle formen. 12 gleiche Stücke abschneiden, jedes Stück mit den Händen flach drücken, Nougatkugeln in die Mitte setzen und mit dem Teig Knödeln formen. Salzwasser zum Kochen bringen, Knödel einlegen und bei geringer Hitze 5 Minuten leicht kochen lassen. In dieser Zeit in einer Pfanne die Butter erhitzen, Semmelbrösel, Zucker und Vanillezucker darin goldbraun rösten. Nach dem Ende der Kochzeit die Knödel herausheben, gut abtropfen lassen und in den Bröseln wälzen.

> **TIPP:** *Legen Sie die Nougatkugeln vor der Zubereitung kurz in das Tiefkühlfach, damit sie während des Kochens nicht ganz zergehen.*

Süße Serviettenknödel

1/2 l Milch
200 g Grieß
4 Semmeln
1 EL Butter
2 Eier
3 EL Staubzucker
1 Pkg. Vanillezucker
1 TL Zimt
3–4 EL Semmelbrösel
500 g Zwetschken
abgeriebene Schale einer Zitrone
Salz

Zubereitungszeit: 1 Stunde 15 Minuten

Zwetschken waschen, entkernen und klein schneiden, die Semmeln kleinwürfelig schneiden. Die Milch aufkochen, Grieß einrühren, ziehen und abkühlen lassen. In einer Pfanne die Butter erhitzen, Semmelwürfel darin anrösten. In einer Schüssel die Eier, Salz, Zucker, Vanillezucker, Zimt und die Zitronenschale gut vermischen, Zwetschken, Grießmasse, Semmelwürfel und die Semmelbrösel einmengen und alles gut vermischen. Diese Masse zu einer Rolle formen, in eine Serviette einbinden und im Salzwasser 45 Minuten leicht kochen lassen. Vor dem Anrichten in Scheiben schneiden und mit einer Vanillesauce servieren.

Topfen-Grieß-Knödel mit Himbeeren gefüllt

500 g passierter Topfen
250 g Mehl
120 g Butter
100 g Grieß
2 Eier
250 g Himbeeren
1 Pkg. Vanillezucker
geriebene Schale einer 1/2 Zitrone
1 Prise Salz
Biskuitbrösel zum Wälzen
Kakaopulver und Staubzucker zum Bestreuen

Zubereitungszeit: 1 Stunde 15 Minuten

Auf einer bemehlten Arbeitsfläche Topfen, gesiebtes Mehl, die Eier, Butter in Stücke geschnitten, Grieß, Salz, Vanillezucker und die Zitronenschale zu einem glatten Teig verkneten. Teig zu einer Rolle formen, in Alufolie wickeln und 30 Minuten im Kühlschrank rasten lassen. Himbeeren vorsichtig waschen und gut abtropfen lassen. Teigrolle auf die Arbeitsfläche legen, in 2 cm breite Stücke schneiden, diese mit der Hand flach drücken, Himbeeren in die Mitte legen und Knödel formen. Knödel im Salzwasser 20 Minuten bei geringer Hitze kochen lassen. Die Knödel sollten mehr ziehen als kochen. Nach dem Ende der Kochzeit herausheben, gut abtropfen lassen und in den Biskuitbröseln wälzen. Vor dem Servieren Knödel mit Kakaopulver und Staubzucker bestreuen.

Warme Mehlspesen

Topfenknödel mit Mohn

500 g Topfen
190 g Staubzucker
100 g Grieß
1/2 Pkg. Vanillezucker
40 g Butter
4 Eier
150 g gemahlener Mohn
2 EL Butter
1 Prise Salz
Staubzucker zum Bestreuen

Zubereitungszeit: 40 Minuten
(ohne Kühlzeit)

Topfen mit den Eiern, 40 g Staubzucker, Salz, Butter und Grieß gut verrühren. Im Kühlschrank zugedeckt eine Stunde rasten lassen. Nach dem Ende der Kühlzeit aus der Topfenmasse Knödel formen, Salzwasser aufkochen, Knödel einlegen und bei geringer Hitze 15 Minuten gar ziehen lassen. Restlichen Staubzucker mit dem Mohn vermischen, in einer Pfanne die Butter erhitzen, Mohnzucker darin kurz anrösten. Knödel auf dem Wasser heben, gut abtropfen lassen und im Mohnzucker wälzen, mit Staubzucker bestreut servieren.

Topfennockerln

250 g Topfen
2 EL Mehl
2 EL Semmelbrösel
2 Eier
2 EL Butter
100 g Semmelbrösel zum Rösten
1 Prise Salz
Staubzucker zum Bestreuen

Zubereitungszeit: 20 Minuten

Topfen, Mehl, Brösel, Eier und Salz gut vermischen. Salzwasser aufkochen lassen, mit einem Löffel kleine Nockerln ausstechen, in das Wasser einlegen. Bei geringer Hitze schwach wallend 6 Minuten ziehen lassen. Inzwischen in einer Pfanne die Butter erhitzen, Semmelbrösel darin anrösten. Nach dem Ende der Garzeit Topfennockerl herausheben, gut abtropfen lassen, in den gerösteten Bröseln wälzen und mit Staubzucker bestreuen. Mit Zwetschkenröster servieren.

> **TIPP:** *Sie können die Nockerln statt mit Semmelbröseln mit heißen Himbeeren und Schlagobers servieren.*

Warme Mehlspeisen

Topfenpalatschinken

150 g Mehl
1/4 l Milch
2-3 Eier
1 Prise Salz
1 TL Öl
250 g passierter Topfen
2 Eier
2 EL Butter
2 EL Zucker
1 Prise Salz
abgeriebene Schale einer 1/2 Zitrone
3 EL Rosinen
4 EL Sauerrahm
Butter zum Braten und Befetten
1 EL Butterflocken
Staubzucker zum Bestreuen

Zubereitungszeit: 50 Minuten

In einer Schüssel die Milch mit den Eiern, Salz und dem Öl gut versprudeln, das gesiebte Mehl dazugeben und mit einem Schneebesen alles zu einem glatten Teig verrühren, 30 Minuten rasten lassen. In dieser Zeit die Fülle zubereiten, Rosinen heiß abwaschen und abtrocknen, Butter mit dem Zucker, Salz und Zitronenschalen schaumig rühren, Eier nach und nach einrühren und den Topfen löffelweise untermengen. Rosinen und Sauerrahm am Schluss dazugeben. In einer Pfanne Butter erhitzen, 6 Palatschinken von beiden Seiten hellgelb backen, herausheben und warm stellen. Das Backrohr auf 220 °C vorheizen, eine Auflaufform mit Butter ausstreichen. Palatschinken mit der Topfenmasse füllen, aufrollen und in die Form legen. Mit den Butterflocken belegen und im Rohr 15 Minuten überbacken. Vor dem Servieren mit Staubzucker bestreuen.

Topfenschmarren mit Himbeermark

250 g passierten Topfen
1/8 l Sauerrahm
1 Pkg. Vanillezucker
abgeriebene Schale einer 1/2 Zitrone
1 Prise Salz
2 TL Maizena
3 EL Grieß
3 Eidotter
3 Eiklar
2 EL Staubzucker
1/2 KL Rum
4 EL Butter
250 g Himbeeren
4 TL Himbeergeist
Zucker nach Geschmack

Zubereitungszeit: 1 Stunde

Passierten Topfen mit Sauerrahm, Vanillezucker, Salz, Grieß, Maizena und Eidottern kurz verrühren, 30 Minuten rasten lassen. Eiklar zu steifem Schnee schlagen, mit dem Zucker ausschlagen. Den Schnee locker unter die Topfenmasse heben und mit Rum abschmecken. Das Backrohr auf 220 °C vorheizen, in einer Pfanne die Butter stark erhitzen, Schmarrenmasse eingießen und im Rohr 10 Minuten backen. Inzwischen die Himbeeren waschen, gut abtropfen und passieren, den Himbeergeist beimengen und mit Zucker abschmecken. Nach dem Ende der Garzeit Pfanne aus dem Rohr nehmen, Topfenschmarren mit zwei Gabeln zerreißen, mit etwas Zucker bestreuen und nochmals kurz durchrösten. Vor dem Anrichten auf vorgewärmte Teller legen und mit Himbeermark servieren.

Vanilleauflauf

1/4 l Milch
50 g Staubzucker
2 Pkg. Vanillezucker
Mark von 2 Vanilleschoten
5 Eier
40 g Butter
75 g Mehl
1 große Dose Marillen
(Pfirsiche, Birnen)
2 EL Semmelbrösel
Butter zum Befetten

Zubereitungszeit: 1 Stunde 30 Minuten

Auflaufform mit hohem Rand mit Butter einfetten und mit Semmelbröseln bestreuen, Marillen aus der Dose nehmen und gut abtropfen lassen, in Spalten schneiden. Die Marillenspalten auf dem Boden der Form verteilen. In einem Topf Milch, Zucker, Vanillezucker, Vanillemark, Butter und Mehl gut versprudeln, bei geringer Hitze unter ständigem Rühren langsam zum Kochen bringen. So lange rühren, bis sich der Teig vom Topfboden löst, den Topf zur Seite stellen und etwas überkühlen lassen. Das Backrohr auf 180 °C vorheizen, die Eier trennen, Eidotter nach und nach in den Teig einrühren. Eiklar zu steifem Schnee schlagen, unter die Masse heben. Den Auflauf über die Marillenspalten verteilen und im Rohr 50 Minuten hellgelb backen, sofort servieren.

Vanillecreme-Omelette mit Walderdbeeren

12 Eier
2 EL Milch
1/2 l fertiger Vanillepudding
1/2 l Schlagobers
1 Pkg. Vanillezucker
100 g frische Walderdbeeren
120 g Kochschokolade
9 EL Zucker
3 EL Wasser
1 Prise Salz
Butter zum Ausbacken
250 g Walderdbeeren zum Garnieren
Staubzucker zum Bestreuen

Zubereitungszeit: 45 Minuten

Kochschokolade kleinwürfelig schneiden, Wasser mit Zucker gut vermischen und einmal aufkochen. Schokolade dazugeben und auflösen. Sauce warm stellen. Die Walderdbeeren verlesen, waschen und gut abtropfen. Den Vanillepudding passieren, im Wasserbad, unter ständigem Rühren, erwärmen, mit Vanillezucker abschmecken. Pro Portion drei Eier mit etwas Milch und einer Prise Salz gut versprudeln, in einer Pfanne Butter erhitzen, Teig eingießen, mit einer Gabel die Ränder lockern, anbacken, dann mit einer Backschaufel wenden, die zweite Seite ebenfalls goldgelb backen. Heraus-heben und warm stellen, das Schlagobers steif schlagen und abwechselnd mit Beeren unter den warmen Pudding rühren. Omelettes mit dieser Creme füllen, zusammenklappen und mit Staubzucker bestreuen. Vor dem Anrichten mit der vorbereiteten Schoko-ladesauce übergießen und mit den Walderdbeeren bestreut servieren.

Warme Mehlspeisen

Weinchaudeau

1/4 l Weißwein
100 g Staubzucker
1 KL Zitronensaft
3 Eidotter

Zubereitungszeit: 20 Minuten

Wein, Zucker, Zitronensaft und Eidotter gut versprudeln, im Wasserbad so lange schlagen, bis die Masse vollkommen dickflüssig geworden ist. Vom Herd nehmen, kurz überkühlen lassen und sofort servieren.

TIPP: *Das Chaudeau schmeckt besonders fein, wenn Sie der Masse 2 cl Grand Manier beimengen.*

Zimtknödel

3/4 l Milch
2 EL flüssige Butter
90 g Grieß
1 Ei
1/2 Zimtstange
1 Gewürznelke
Zimt und Zucker zum Bestreuen

Zubereitungszeit: 40 Minuten

1/4 l Milch mit der Zimtstange und der Gewürznelke aufkochen und anschließend 2 Minuten ziehen lassen. Nelke und Zimtstange aus der Milch nehmen, Grieß einrieseln und mit der flüssigen Butter einkochen, kurz überkühlen lassen, dann das Ei einrühren. Die restliche Milch erhitzen, aus der Grießmasse kleine Knödel formen und diese darin 10 Minuten ziehen lassen. Herausheben, gut abtropfen lassen und mit Zimt und Zucker bestreut servieren.

Zwetschkenröster

1 kg Zwetschken
150 g Staubzucker
1/8 l Wasser
2 Gewürznelken
1 Zimtrinde
Saft und abgeriebene Schale einer Zitrone

Zubereitungszeit: 30 Minuten

Zwetschken waschen, entkernen und mit etwas Zucker bestreuen. Wasser mit Gewürznelken, Zimtrinde, Zitronenschale und Saft aufkochen lassen. Zwetschken einlegen und unter ständigem Rühren so lange dünsten, bis die Zwetschken halb zerfallen sind und die Schalen sich einrollen. Vor dem Servieren die Gewürze herausnehmen.

Warme Mehlspesen

Zwetschkenstrudel

1 Pkg. Strudelblätter
120 g Staubzucker
120 g Butter
2 Eier
100 g geriebene Mandeln
2 Semmeln
Milch nach Bedarf
1 MS Zimt
500 g Zwetschken
zerlassene Butter für die Strudelblätter
Zucker zum Bestreuen

Zubereitungszeit: 1 Stunde

Zwetschken waschen, halbieren und entkernen. Die Semmeln in Scheiben schneiden und mit Milch beträufeln. Die Eier trennen, aus Butter, Zucker und Eidotter einen Abtrieb zubereiten. Die Semmeln passieren, abwechselnd mit den Mandeln unter den Abtrieb rühren. Das Backrohr auf 180° vorheizen, ein Backblech mit Backpapier belegen. Eiklar zu steifem Schnee schlagen, Schnee vorsichtig unter die Masse heben. Auf einem befeuchteten Tuch ein Strudelblatt legen, mit flüssiger Butter bestreichen, dann das zweite Blatt auflegen. Semmelmasse auf den Teig streichen, die Zwetschken darauf legen, mit Zucker und Zimt bestreuen. Freie Teigflächen mit flüssiger Butter bestreichen. Seitenränder einschlagen und mit Hilfe des Tuches Strudel fest einrollen. Nochmals mit flüssiger Butter bestreichen und im Rohr 40 Minuten goldbraun backen.

Kuchen und Torten

Ameisengugelhupf

250 g Butter
4 Eier
250 g Staubzucker
1/8 l Eierlikör
1/2 Pkg. Backpulver
1 Pkg. Vanillezucker
250 g Mehl
50 g Schokoladestreusel
Butter und Mehl für die Form
Staubzucker zum Bestreuen

Zubereitungszeit: 1 Stunde 15 Minuten

Das Backrohr auf 180 °C vorheizen, Gugelhupfform mit Butter befetten und mit Mehl bestreuen. Die Eier trennen, Butter, Staubzucker, Vanillezucker und Eidotter sehr schaumig rühren, dann den Eierlikör unterrühren. Mehl mit Backpulver und den Schokoladestreuseln sehr gut vermischen, das Eiklar zu steifem Schnee schlagen. Abwechselnd mit dem gemischten Mehl unter den Abtrieb heben. Die Masse in die Form füllen und 50 Minuten backen. Nach dem Ende der Backzeit Gugelhupf aus der Form stürzen und mit Staubzucker bestreuen.

> **TIPP**: *Damit sich Ihr Gugelhupf leicht aus der Form löst, stellen Sie die Form nach dem Einfetten und Bemehlen kurz in den Kühlschrank.*

Aniskuchen

250 g Staubzucker
250 g Butter
5 Eier
2 TL Vanillezucker
300 g Mehl
20 g Anis
1 MS Backpulver
1 Prise Salz
Butter für die Form
gehobelte Mandeln zum Bestreuen der Form
Staubzucker zum Bestreuen

Zubereitungszeit: 1 Stunde 10 Minuten

Das Backrohr auf 170 °C vorheizen, eine Kasten-form mit Butter befetten und den gehobelten Mandeln ausstreuen. Die Butter mit Staub-zucker, Vanillezucker und Salz cremig rühren. Nun die Eier nach und nach unterrühren. Das Mehl mit Backpulver versieben, mit Anis gut vermischen. Anschließend das Mehl unter den Abtrieb rühren. In die Form füllen und 55 Minuten im Rohr backen. Aniskuchen aus der Form stürzen, abkühlen lassen und mit Staubzucker bestreuen.

> **TIPP**: *Stürzen Sie den Kuchen sofort aus der Form, stülpen Sie dann die Form wieder darüber und lassen Sie den Kuchen auskühlen, so bleibt er saftiger.*

Kuchen und Torten

Apfelbiskuitkuchen

3 Äpfel
200 g Butter
200 g Staubzucker
150 g Mehl
4 Eier
1 TL Backpulver
1/2 TL Maizena
1 Pkg. Vanillezucker
1 TL Rum
Saft und abgeriebene Schale einer Zitrone
Butter und Mehl für die Form

Zubereitungszeit: 1 Stunde 15 Minuten

Das Backrohr auf 180 °C vorheizen, eine Spring-form mit Butter befetten und mit Mehl ausstreuen. Äpfel schälen, vierteln, Kerngehäuse ausschneiden, in Spalten schneiden, diese sofort mit Zitronensaft beträufeln. Mehl mit Backpulver versieben, Maizena unterrühren. Butter mit Zucker schaumig rühren, nach und nach Eier einrühren. Vanillezucker, Rum und Zitronenschalen dazugeben, am Schluss die Mehlmischung unterrühren. Masse in die Springform füllen und dicht mit den Apfelspalten belegen. Im vorgeheizten Rohr 45 Minuten backen.

TIPP: *Statt den Äpfeln können Sie jedes andere Obst verwenden.*

Apfelstrudeltorte

1 Pkg. Strudelblätter
7 Äpfel
50 g Butter
50 g Semmelbrösel
1 Pkg. Vanillezucker
70 g Kristallzucker
70 g gehackte Walnüsse
30 g Honig
50 g flüssige Butter
1 MS Zimt
Saft und abgeriebene Schale einer Zitrone
Butter für die Form
Staubzucker zum Bestreuen

Zubereitungszeit: 1 Stunde 15 Minuten

Das Backrohr auf 190 °C vorheizen, eine Spring-form mit Butter bestreichen, flüssige Butter mit dem Honig verrühren. In einer Pfanne die Butter erhitzen, Brösel darin anrösten, abkühlen lassen. Äpfel schälen, halbieren, Kerngehäuse ausschneiden, Äpfel in stärkere Spalten schneiden. Apfelspalten mit Nüssen, Zitronensaft, Zitronenschale, Zucker, Vanillezucker, Zimt und zwei Drittel der Brösel gut vermischen. Springform mit einem Strudelblatt belegen, dünn mit der Honigbutter bestreichen. Die restlichen Brösel auf den Teig streuen, dann die Apfelfülle darauf verteilen. Das zweite Strudelblatt mit den Händen vorsichtig zerknüllen und auf die Apfelspalten legen. Mit der Honigbutter bestreichen, überstehenden Teig zur Mitte schlagen und ebenfalls mit der Honigbutter bestreichen. Torte im Rohr 30 Minuten backen, nach dem Ende der Backzeit aus dem Rohr nehmen und kurz rasten lassen. Vor dem Servieren mit Staubzucker bestreuen.

Apfel-Nuss-Kuchen

300 g Mehl
200 g Butter
100 g Staubzucker
2 Eidotter
2 Pkg. Vanillezucker
750 g Äpfel
20 g Butter
60 g Staubzucker
40 g Rosinen
2 MS Zimt
4 EL Rum
250 g geriebene Walnüsse
20 g Butter
100 g Staubzucker
90 g Biskuitbrösel
1/8 l Milch
Saft und abgeriebene Schale einer Zitrone
1 Ei zum Bestreichen

Zubereitungszeit: 1 Stunde 30 Minuten (ohne Kühlzeit)

Aus dem Mehl, Staubzucker, Butter, Eidottern, Hälfte der Zitronenschalen und 1 Pkg. Vanillezucker rasch einen Mürbteig kneten, in Frischhaltefolie wickeln und 2 Stunden im Kühlschrank rasten lassen. Inzwischen die Apfel-Nuss-Fülle zubereiten. Rosinen mit heißem Wasser abwaschen, gut abtropfen lassen und abtrocknen. Äpfel schälen, vierteln und das Kerngehäuse ausschneiden, in dünne Scheiben schneiden. Mit 20 g Butter, 60 g Zucker, 1 MS Zimt, 2 EL Rum und Zitronensaft weich dünsten, abseihen und überkühlen lassen. Die Milch mit Vanillezucker, 2 EL Rum, 1 MS Zimt, 100 g Zucker, 20 g Butter und den restlichen Zitronenschalen aufkochen, Biskuitbrösel und Nüsse einrühren, gut vermischen und auskühlen lassen. Das Backrohr auf 180 °C vorheizen. Auf einer bemehlten Arbeitsfläche den Mürbteig 4 mm dick ausrollen. Von einer Springform Boden und Wand mit 3/4 des Teiges auslegen, mit einer Gabel mehrmals einstechen. Zuerst die Nussfülle auf den Teig verteilen, dann die Apfelfülle. Den restlichen Teig bis zur Größe der Springform auswalken, damit die Torte abdecken, Ränder fest zusammendrücken. Das Ei versprudeln und damit die Torte bestreichen, im Rohr 1 Stunde backen. Nach dem Ende der Backzeit die Torte in der Form erkalten lassen.

> **TIPP:** *Der Mürbteig schmeckt viel besser, wenn Sie ihn bereits am Vortag zubereiten. Da genügend Fett im Mürbteig ist, soll die Form nicht befettet und bemehlt werden.*

Kuchen und Torten

Aranzinikuchen

120 g Mehl
100 g Aranzini
250 g Butter
250 g Staubzucker
2 TL Vanillezucker
1 MS Backpulver
5 Eier
200 g geriebene Mandeln
abgeriebene Schale einer Orange
1 Prise Salz
Butter und Mehl für die Form
Staubzucker zum Bestreuen

Zubereitungszeit: 1 Stunde 30 Minuten

Das Backrohr auf 170 °C vorheizen, eine runde Kuchenform mit Butter bestreichen und mit Mehl ausstreuen. 60 g Aranzini kleinwürfelig schneiden, restliche 40 g für die Garnierung in dünne Streifen schneiden. Butter mit Vanillezucker, Staubzucker, Orangenschale und Salz gut verrühren, die Eier nach und nach beimengen und sehr schaumig rühren. Mehl mit dem Backpulver versieben, abwechselnd mit Mandeln und Aranziniwürfeln unter die Masse rühren. Teig in die Form füllen und 1 Stunde backen. Nach Ende der Backzeit Kuchen aus dem Rohr nehmen, 10 Minuten rasten lassen und aus der Form stürzen. Vor dem Servieren mit Staubzucker bestreuen und mit den beiseite gelegten Aranzinistreifen garnieren.

> **TIPP**: *Wenn Sie wissen wollen, wann der Kuchen fertig ist, stechen Sie gegen Ende der Backzeit mit einer Stricknadel in den Kuchen. Bleibt kein Teig kleben, ist der Kuchen fertig gebacken.*

Bischofsbrot

5 Eier
170 g Staubzucker
120 g flüssige Butter
350 g fein gehackte Feigen, Mandeln, Nüsse, Rosinen, kandierte Kirschen, Zitronat
120 g Mehl
Butter und Semmelbrösel für die Form

Zubereitungszeit: 1 Stunde

Das Backrohr auf 180 °C vorheizen, eine Kastenform mit Butter bestreichen und mit Semmelbröseln bestreuen. 4 Eier trennen, 1 Ei, 4 Eidotter mit 70 g Zucker schaumig rühren, die Hälfte des Mehls und die Früchte unterrühren. Eiklar schaumig schlagen, mit dem restlichen Zucker zu festem Schnee ausschlagen. Abwechselnd mit der zweiten Hälfte des Mehls vorsichtig unter die Masse heben. Die flüssige, nicht heiße Butter unterrühren. Teig in die Kastenform füllen und 45 Minuten backen.

> **TIPP**: *Rosinen und kandierte Früchte zuerst in Mehl wälzen, dann erst in den Teig geben, sie sinken dann nicht zu Boden. Schneiden Sie das Bischofsbrot erst am nächsten Tag in Scheiben.*

Topfenknödel
(siehe Rezept Seite 40)

Foto: Foto Liesl Biber

Topfennockerln
(siehe Rezept Seite 40)

Foto: Foto Liesl Biber

Biskuitroulade
(siehe Rezept Seite 49)

Foto: GUSTO / Stefan Liewehr

Esterházytorte
(siehe Rezept Seite 56)

Foto: Foto Liesl Biber

Kuchen und Torten

Biskuitroulade

4 Eier
100 g Staubzucker
60 g Mehl
1 Pkg. Vanillezucker
abgeriebene Schale einer Zitrone
Marillenmarmelade zum Füllen
Staubzucker zum Bestreuen

Zubereitungszeit: 30 Minuten

Das Backrohr auf 200 °C vorheizen, ein Backblech mit Backpapier auslegen. Die Eier trennen, Eidotter mit der halben Zuckermenge und der Zitronenschale sehr schaumig rühren. Die Eiklar mit Vanillezucker und dem restlichen Zucker zu steifem Schnee schlagen. Abwechselnd mit dem Mehl langsam unter die Eidotter ziehen. Biskuitmasse auf das Backblech streichen, im heißen Rohr 10 Minuten backen. In dieser Zeit die Marmelade im Wasserbad erwärmen. Ein trockenes Geschirrtuch mit Zucker bestreuen, nach dem Ende der Backzeit das Biskuit sofort darauf stürzen. Backpapier abziehen und mit Marmelade bestreichen. Mit Hilfe des Tuches Biskuit zu einer festen Roulade zusammenrollen. Vor dem Servieren mit Staubzucker bestreuen.

> **TIPP**: *Sollte sich das Backpapier nicht lösen, tauchen Sie einen Pinsel in kaltes Wasser und bestreichen Sie das Papier vorsichtig damit.*

Biskuittorte gerollt

180 g Staubzucker
6 Eier
120 g Mehl
1 Pkg. Vanillezucker
250 g Butter
150 g Staubzucker
100 g Schokolade
1 EL Rum
1 Eidotter
150 g Rohmarzipan
50 g Schokoladestreusel

Zubereitungszeit: 1 Stunde

Das Backrohr auf 200 °C vorheizen, ein Backblech mit Backpapier auslegen. Die Eier trennen, Eidotter mit der Hälfte des Staubzuckers und Vanillezucker sehr schaumig rühren, Eiklar mit dem restlichen Zucker zu steifem Schnee schlagen, abwechselnd mit dem gesiebten Mehl unter die Eidottermasse heben. Biskuitmasse auf das Backblech streichen, im Rohr 10 Minuten backen. Herausnehmen und abkühlen lassen. Für die Creme die Schokolade im Wasserbad erweichen, abkühlen lassen. Butter schaumig rühren, Staubzucker, Eidotter, Rum und Schokolade unterrühren, alles cremig verrühren. Das ausgekühlte Biskuit in 5 cm breite Streifen schneiden. Ersten Streifen mit der Creme bestreichen, einrollen,

Kuchen und Torten

den nächsten Streifen bestreichen und um den ersten wickeln, mit den restlichen Streifen so lange fortfahren, bis die Größe einer Torte erreicht ist. Oberseite und Rand mit der Creme bestreichen, Rohmarzipan zur Größe der Torte ausrollen, den Rand mit Schokoladestreusel bestreuen, Marzipanplatte auf die Torte legen. Vor dem Servieren einige Zeit in den Kühlschrank stellen.

Blohbergerschnitten

150 g Butter
150 g Staubzucker
4 Eier
150 g geriebene Haselnüsse
150 g Schokolade
50 g Mehl
1 Pkg. Vanillezucker
1/2 Pkg. Backpulver
100 g Staubzucker
Saft einer halben Zitrone
1 MS Salz

Zubereitungszeit: 1 Stunde

Backblech mit Backpapier auslegen. 3 Eier trennen, Schokolade im Wasserbad erweichen. Butter schaumig rühren, Zucker, 1 Ei und 3 Eidotter langsam einrühren, Nüsse und Schokolade unterrühren. Mehl mit dem Backpulver versieben, Salz dazugeben. Eiklar mit Vanillezucker zu steifem Schnee schlagen, abwechselnd mit der Mehlmischung vorsichtig unterheben. Masse auf das Backblech streichen, in das kalte Rohr stellen, dann das Backrohr auf 180 °C aufheizen und die Blohbergerschnitten 35 Minuten backen. In dieser Zeit die Zitronenglasur zubereiten, Staubzucker mit dem Zitronensaft gut verrühren. Am Ende der Backzeit Schnitten aus dem Rohr nehmen und noch warm mit der Zitronenglasur bestreichen.

> **TIPP**: *Glasieren Sie den noch warmen Kuchen, so trocknet die Glasur schneller und bleibt glänzend.*

Brandteigschnitten mit Schokoladecreme

1/8 l Milch
30 g Staubzucker
40 g Butter
120 g Mehl
3 Eier
1/4 l Milch
60 g Zucker
1/2 Pkg. Vanillepuddingpulver
1/2 l Schlagobers
1 Eidotter
3 Blatt Gelatine
100 g Schokolade
100 g Mandelblättchen
1 TL Vanillezucker
1 EL Rum
1 MS Salz
Butter, Mehl für das Backblech
Staubzucker zum Bestreuen

Zubereitungszeit: 1 Stunde (ohne Kühlzeit)

Das Backrohr auf 200 °C vorheizen, das Backblech mit Butter bestreichen und mit Mehl bestreuen. 1/8 l Milch mit Salz, 30 g Zucker und der Butter aufkochen, Mehl rasch einrieseln lassen, bei geringer Hitze so lange rösten, bis sich der Teig vom Topfboden löst. Teig in eine Schüssel geben, die Eier einzeln unterrühren. Masse auf das Backblech streichen und 12 Minuten backen. Aus dem Rohr nehmen, auskühlen lassen. Gelatine in kaltes Wasser einweichen, Schokolade im Wasserbad erweichen, 3/16 l Milch mit dem Zucker, Vanillezucker und Rum aufkochen lassen, die restliche Milch mit dem Vanillepuddingpulver und Eidotter gut verrühren, in kochende Milch gießen und aufkochen, bei geringer Hitze kurz kochen lassen, dann die erweichte Schokolade unterrühren. Gelatine gut ausdrücken und in der warmen Masse auflösen, Creme überkühlen lassen. Das Schlagobers steif schlagen, die Hälfte in die Creme einrühren, restliches Obers vorsichtig unterheben. Die Creme 5 Minuten in den Kühlschrank stellen. Ausgekühlten Brandteig in drei gleich breite Streifen schneiden, ersten Streifen mit der Creme bestreichen, den zweiten darauf setzen und ebenfalls mit Creme bestreichen, mit dem dritten, unbestrichenen Streifen abschließen, die Ränder der Schnitte ebenfalls mit Creme bestreichen und mit Mandelblättchen bestreuen. Vor dem Servieren Brandteigschnitten mit Staubzucker bestreuen.

> **TIPP:** *Während des Backens des Brandteiges dürfen Sie das Backrohr nicht öffnen, da sonst der Wasserdampf entweicht, und dieser ist das Auflockerungsmittel für den Teig.*

Kuchen und Torten

Dobostorte

6 Eier
190 g Butter
130 g Kristallzucker
40 g Staubzucker
150 g Mehl
3/8 l Milch
220 g Kristallzucker
2 Eidotter
1/2 Pkg. Vanillepuddingpulver
150 g Kokosfett
300 g Butter
120 g Schokolade
100 g geriebene Haselnüsse
200 g Kristallzucker
1 TL Vanillezucker
1 EL Rum
1 Prise Salz

Zubereitungszeit: 2 Stunden

Das Backrohr auf 200 °C vorheizen, 4 Stück Backpapier in der Größe des Backblechs zuschneiden, auf jedes Papier zwei Kreise im Durchschnitt von 20 cm zeichnen. Die Eier trennen, Butter mit Staubzucker, Vanillezucker und Salz cremig rühren. Eidotter nach und nach in den Abtrieb rühren. Eiklar mit dem Kristall-zucker zu einem steifen Schnee schlagen. Ein Drittel des Schnees in die Masse rühren, den restlichen Schnee abwechselnd mit dem Mehl unterheben. Die Biskuitmasse auf jeden Kreis streichen, sie sollte 1/2 cm hoch sein. Jedes der 4 Backpapiere nacheinander im Rohr 10 Minuten goldgelb backen. Am Ende der Backzeit jedes Blech herausnehmen, Biskuit wenden und das Papier abziehen. Biskuitscheiben auskühlen lassen, falls notwendig mit einem Tortenreifen ausstechen. Für die Creme 2/8 l Milch mit 110 g Zucker, Vanillezucker und etwas Salz aufkochen, restliche Milch mit dem Puddingpulver und den 2 Eidottern gut verrühren, anschließend in die kochende Milch gießen, bei geringer Hitze ganz kurz weiterkochen lassen. Dann in eine Schüssel geben, restlichen Zucker unterrühren, so lange rühren, bis die Creme nur mehr lauwarm ist. Zuerst das klein geschnittene Kokosfett dazugeben und weiterrühren, ist die Creme abgekühlt, die Butter unterrühren, dann kalt stellen. Die Schokolade im Wasserbad schmelzen, überkühlen lassen. Nüsse mit Rum gut verrühren, anschließend mit Schokolade und etwas Creme vermischen und dann in die restliche Creme einrühren. Den besten Biskuittortenboden zum Glasieren beiseite legen, restliche 7 Tortenböden mit der Buttercreme bestreichen und zu einer Torte zusammensetzen, Rand ebenfalls mit der Creme bestreichen, auf der Oberseite der Torte 12 Stücke markieren, im Kühlschrank erkalten lassen. Auf dem reservierten Tortenboden ebenfalls 12 Stücke markieren, Boden auf ein Backpapier legen. In einer Pfanne etwas Zucker schmelzen lassen, dann den restlichen Zucker nach und nach dazugeben. Unter ständigem Rühren goldgelb karamellisieren, über den Tortenboden gießen und mit einem Messer glatt streichen, Karamell kurz anziehen lassen. Mit einem bebutterten Messer an den markierten Stellen durchschneiden. Die fertig gekühlte Torte mit den Stücken belegen.

> **TIPP:** *Wenn Sie das Kokosfett und die Butter in die warme Creme rühren, wird diese zu weich. Ist das der Fall, stellen Sie die Creme kurz in den Kühlschrank. Damit das Karamell nicht an dem Messer kleben bleibt, bebuttern Sie dieses vor jedem Schnitt neu.*

Cremeschnitten

2 Pkg. Blätterteig
1/4 l Milch
1 Eidotter
1/2 Pkg. Vanillepuddingpulver
60 g Zucker
8 Blatt Gelatine
3/4 l Schlagobers
4 TL Staubzucker
2 EL Rum
200 g Staubzucker
2 EL Zitronensaft
1 EL heißes Wasser
1 EL Rum
80 g Marillenmarmelade
4 TL Vanillezucker
1 Prise Salz

Zubereitungszeit: 2 Stunden (ohne Kühlzeit)

Das Backrohr auf 220 °C vorheizen, ein Backblech mit Backpapier belegen. Blätterteig aufrollen, auf das Back-papier legen, mit einer Gabel mehrmals einstechen. Im Rohr 10 Minuten backen, dann die Hitze auf 180 °C reduzieren und 30 Minuten fertig backen, herausnehmen und abkühlen lassen. In dieser Zeit die Creme zubereiten, 1/16 l Milch mit Puddingpulver und Eidotter gut verrühren, die restliche Milch mit Zucker, 1 TL Vanillezucker und Salz aufkochen, Puddingmilch in die kochende Milch gießen und einmal aufkochen lassen. Vanillecreme in eine Schüssel füllen und zugedeckt kühl stellen. Gelatine in kaltem Wasser einweichen, Schlagobers steif schlagen. Creme mit restlichem Vanillezucker, Staubzucker und Rum gut verrühren, Gelatine gut ausdrücken, über Wasserdampf schmelzen, mit etwas Creme verrühren, dann mit einem Drittel vom Obers rasch unter die Vanillecreme rühren. Restliches Schlagobers vorsichtig unter die Creme heben. Abgekühlten Blätterteig halbieren, auf ein

Kuchen und Torten

Rechteck die Vanillecreme gleichmäßig streichen, dann im Kühlschrank erstarren lassen. Für die Zuckerglasur gesiebten Staubzucker, Zitronensaft, Rum und heißes Wasser 10 Minuten glatt rühren. Marmelade erhitzen, die zweite Blätterteighälfte damit bestreichen und mit der Zuckerglasur glasieren, überkühlen lassen. Mit einem scharfen Messer den glasierten Blätterteig in gleichmäßige Stücke teilen und diese dann auf die erstarrte Creme legen.

> **Tipp**: *Ist die Glasur zu dünn, etwas Staubzucker zugeben, ist sie zu dick, Flüssigkeit beifügen.*

Ennser Schnitten

150 g Schokolade
150 g Staubzucker
4 Eier
150 g Butter
150 g geriebene Mandeln
150 g Staubzucker
1 EL Rum
Saft einer 1/2 Zitrone
Butter und Mehl für das Backblech

Zubereitungszeit: 45 Minuten

Das Backrohr auf 180 °C vorheizen, ein Backblech mit Backpapier belegen. Die Schokolade im Wasserbad erweichen, überkühlen lassen. 3 Eier trennen, Butter mit Zucker cremig rühren, einzeln und langsam das ganze Ei und die Eidotter einrühren, dann die erweichte Schokolade unterrühren. Das Eiklar zu steifem Schnee schlagen, mit geriebenen Mandeln abwechselnd unter die Masse heben. Schokolademasse auf das vorbereitete Backblech streichen, 20 Minuten im Rohr backen. Inzwischen die Glasur zubereiten, Staubzucker, Rum und Zitronensaft 10 Minuten glatt rühren. Am Ende der Backzeit Kuchen aus dem Rohr nehmen, kurz überkühlen lassen und noch warm mit der Glasur überziehen. Vor dem Servieren in Schnitten teilen.

> **Tipp**: *Tauchen Sie vor jedem Schnitt das Messer in heißes Wasser, so verhindern Sie ein Brechen der Glasur.*

Erdbeer-Weincreme-Torte

3 Eier
90 g Staubzucker
90 g Butter
60 g Mehl
1 TL Vanillezucker
3 EL Orangenlikör
300 g Erdbeeren
1/16 l Weißwein
90 g Zucker
3 Eidotter
4 Blatt Gelatine
1/4 l Schlagobers
1 Pkg. Tortengelee
1/8 l Weißwein
1/8 l Wasser
3 EL Zucker
1 Prise Salz

Zubereitungszeit: 1 Stunde 30 Minuten

Das Backrohr auf 200 °C vorheizen, Backpapier auf die Größe des Backblechs zuschneiden, 2 Kreise mit einem Durchmesser von 26 cm zeichnen. Die Eier trennen, Butter mit Vanillezucker, Staubzucker und Salz cremig rühren, Eidotter nach und nach in den Abtrieb rühren. Eiklar zu steifem Schnee schlagen, ein Drittel von dem Schnee mit der Dottermasse verrühren. Restlichen Schnee abwechselnd mit dem Mehl unterheben. Auf jeden Kreis Biskuitmasse streichen, im Rohr 10 Minuten goldgelb backen. Nach dem Ende der Backzeit das Biskuit aus dem Rohr nehmen, wenden und das Backpapier abziehen. Biskuit auskühlen lassen, falls notwendig, mit einem Tortenreifen exakt ausstechen. Blattgelatine in kaltem Wasser einweichen, Wein, Zucker, Eidotter und Zitronensaft über Wasserdampf cremig schlagen. Dann vom Dampf nehmen gut ausgedrückte Gelatine in der warmen Creme auflösen, so lange rühren, bis sie beginnt fest zu werden, Schlagobers schlagen und vorsichtig unter die Creme heben. Einen Tortenboden mit etwas Orangenlikör beträufeln und mit der Creme dünn bestreichen, zweiten Tortenboden auflegen und mit dem restlichen Likör tränken. Die Torte mit einem festen Kartonstreifen umstellen, restliche Creme auf die Torte geben und verstreichen. Erdbeeren vorsichtig waschen, entstielen und abtrocknen, größere Früchte halbieren. Tortengelee mit 3 EL Zucker gut vermischen, mit Weißwein und Wasser anrühren, zum Kochen bringen, 1 Minute schwach kochen lassen, dann das Gelee 10 Minuten abkühlen lassen. Erdbeeren auf der Creme verteilen, mit Gelee bestreichen und die Torte im Kühlschrank fest werden lassen.

Kuchen und Torten

Esterházytorte

260 g geriebene Haselnüsse
300 g Staubzucker
40 g Mehl
6 Eiklar
3/16 l Milch
1/2 Pkg. Vanillepuddingpulver
200 g Butter
100 g Kokosfett
1 Eidotter
2 EL Weinbrand
200 g Fondant
100 g Marillenmarmelade
1 TL Vanillezucker
1 Prise Salz
Kakao

Zubereitungszeit: 2 Stunden (ohne Kühlzeit)

Das Backrohr auf 200 °C vorheizen, 4 Stück Backpapier auf die Größe des Backblechs schneiden, auf jedes Papier 2 Kreise mit einem Durchmesser von 20 cm zeichnen. In einer Schüssel gesiebtes Mehl mit 180 g Hasel- nüssen gut vermischen. Eiklar mit 150 g Zucker zu einem steifen Schnee schlagen, die Mehl-Nuss-Mischung unterheben. Die Masse auf jeden Kreis 3 mm hoch aufstreichen, im Rohr 7 Minuten backen, nach dem Ende der Backzeit herausnehmen, Tortenscheiben wenden, das Backpapier abziehen und auskühlen lassen. 2/16 von der Milch mit Vanillezucker, 80 g Zucker und Salz aufkochen, restliche Milch mit dem Puddingpulver und Eidotter gut verrühren, in die kochende Milch gießen, aufkochen und bei geringer Hitze kurz schwach kochen lassen. Nun die Creme in eine Schüssel geben, den restlichen Zucker einrühren, so lange rühren, bis die Creme abgekühlt ist. Kokosfett klein schneiden und einrühren, hat die Creme Zimmertemperatur, die Butter in kleinen Stücken beifügen, alles gut verrühren und dann die Creme im Kühlschrank kalt stellen. Restliche Haselnüsse mit dem Weinbrand gut verrühren, mit der Buttercreme glatt rühren. Die schönste Teigscheibe beiseite legen, die anderen Scheiben mit Creme bestreichen und zu einer Torte zusammensetzen, die achte Scheibe als Oberteil darauf setzen, den Rand mit Creme bestreichen. Marmelade im Wasserbad erwärmen, auf die Torte streichen, Fondant mit wenig Wasser über Wasserdampf erwärmen, 3 EL davon mit etwas Kakao vermischen. Hellen Fondant auf die Torte gießen und glatt verstreichen. Dunklen Fondant in einen kleinen Spritzsack füllen und Kreise auf die Torte spritzen. Mit einem kleinen spitzen Messer Diagonalen auf der Torte ziehen, so entsteht das typische Esterházymuster.

Kuchen und Torten

Fruchtschnitten

4 Eier
280 g Staubzucker
280 g Mehl
200 g Walnüsse
200 g Aranzini
200 g Zitronat
200 g Rosinen
200 g Schokolade
1 Pkg. Backpulver
Butter und Mehl für das Backblech

Zubereitungszeit: 1 Stunde 30 Minuten

Das Backrohr auf 180 °C vorheizen, ein Backblech mit Butter befetten und mit Mehl bestauben. Rosinen mit heißem Wasser waschen, gut abtropfen lassen und abtrocknen. Nüsse, Aranzini und Zitronat grob hacken, die Schokolade grob raspeln. Eier und Zucker schaumig rühren, dann das Mehl einrühren und die Früchte einmengen. Teig auf das Backblech streichen und 1 Stunde im Rohr backen. Nach dem Auskühlen in Schnitten schneiden.

Früchtebrot

500 g Powidl
260 g Mehl
200 g Mandeln
100 g Rosinen
100 g Aranzini
5 Dörrzwetschken
3 Feigen
100 g Zucker
1/8 l Milch
2 EL Rum
1 Pkg. Vanillezucker
1 Pkg. Backpulver
Saft und Schale einer Orange
Butter und Mehl für die Form

Zubereitungszeit: 1 Stunde 30 Minuten

Das Backrohr auf 180 °C vorheizen, eine Kasten-form mit Butter bestreichen und mit Mehl bestreuen. Rosinen mit heißem Wasser waschen, abtropfen lassen und abtrocknen. Nüsse und Aranzini grob hacken, Feigen und Dörrzwetschken kleinwürfelig schneiden. Das Mehl mit dem Backpulver versieben, alle restlichen Zutaten gut vermengen, in die Kastenform füllen und im Rohr 1 Stunde backen. Nach dem Auskühlen das Früchtebrot in dünne Scheiben schneiden.

Kuchen und Torten

Gervaistorte mit Früchten

30 g Mehl
30 g Maizena
2 Eier
60 g Staubzucker
20 g flüssige Butter
1 Prise Salz
250 g Gervais
3/8 l Schlagobers
90 g Staubzucker
5 Blatt Gelatine
Saft und abgeriebene Schale einer 1/2 Zitrone
1/2 Pkg. Vanillezucker
100 g Erdbeeren
200 g Weintrauben
2 Marillen
1 Kiwi
3 EL Staubzucker
1/8 l Orangensaft
1/8 l Wasser
1 Pkg. Tortengelee
100 g Mandelblättchen
Butter und Mehl für die Form

Zubereitungszeit: 1 Stunde 30 Minuten (ohne Kühlzeit)

Backrohr auf 190 °C vorheizen, Springform mit Butter bestreichen und mit Mehl bestreuen. Eier trennen, Mehl mit Maizena versieben. Eidotter mit 20 g Zucker und Salz schaumig rühren, Eiklar mit restlichem Zucker zu steifem Schnee schlagen. Abwechselnd mit der Mehlmischung unter die Dottermasse heben, am Schluss flüssige Butter zugeben. Biskuitmasse in die Form füllen, 30 Minuten backen, dann auskühlen. Weintrauben und Marillen waschen, halbieren und entkernen, Erdbeeren waschen, entstielen, Kiwi schälen. Ungefähr 1/3 der Früchte klein schneiden, restlichen Früchte kalt stellen. Gelatine in kaltem Wasser einweichen, Schlagobers steif schlagen und zugedeckt in den Kühlschrank stellen. Gervais mit Vanillezucker, Zucker, Zitronensaft und Zitronenschale gut vermischen, in einer Schüssel etwas von dieser Masse über Wasserdampf erwärmen, gut ausgedrückte Gelatine darin auflösen. Restliche Masse einrühren, Fruchtstücke und am Schluss das Schlagobers unterheben. Ausgekühlten Biskuitboden in eine Springform geben, mit der Gervaisfülle bestreichen, Torte 3 Stunden in den Kühlschrank stellen. Von den zur Seite gelegten Früchten Kiwi und Erdbeeren in Scheiben schneiden, Marillen in Spalten schneiden. Gegen Ende der Kühlzeit 3 EL Zucker mit Tortengelee gut vermischen, mit Orangensaft und Wasser anrühren, zum Kochen bringen, 1 Minute schwach kochen, das Tortengelee 10 Minuten auskühlen lassen. Die Torte mit den Früchten belegen und mit dem Tortengelee bestreichen, weitere 30 Minuten in den Kühlschrank stellen. Mit einem Messer die Torte vom Rand lösen und die Springform öffnen. Vor dem Anrichten Tortenränder mit Mandelblättchen bestreuen.

> **Tipp**: *Damit Mandelblättchen besser halten, bestreichen Sie den Tortenrand mit Marmelade.*

Kuchen und Torten

Grießtorte

4 Eier
50 g geriebene Mandeln
150 g Staubzucker
2 EL Staubzucker
1 Pkg. Vanillezucker
100 g Grieß
60 g Marillenmarmelade
3/8 l Schlagobers
4 Blatt Gelatine
3 EL Orangenlikör
Saft und abgeriebene Schale einer 1/2 Zitrone
Butter und Mehl für die Form

Zubereitungszeit: 1 Stunde

Backrohr auf 180 °C vorheizen, Springform mit Butter bestreichen und mit Mehl bestauben. Eier trennen, Eidotter mit 50 g Zucker schaumig rühren, Zitronensaft und Schale unterrühren. Eiklar mit restlichem Zucker zu steifem Schnee schlagen, vorsichtig unter die Eidottermasse haben. Am Schluss Mandeln und Grieß unter die Masse heben. Den Teig in die Form füllen und 35 Minuten goldbraun backen, auskühlen lassen, dann in der Mitte durchschneiden. Marillenmarmelade im Wasserbad erwärmen, mit 2/3 der Marmelade eine Tortenhälfte bestreichen, zweite Hälfte darauf setzen und mit restlicher Marmelade die Oberfläche bestreichen. Gelatine 5 Minuten in kaltem Wasser einweichen, Schlagobers steif schlagen, gut ausgedrückte Gelatine im Wasserbad schmelzen, mit Vanillezucker, Orangenlikör, Staubzucker und einem Teil des Schlagobers gut verrühren. Dann das restliche Obers unterheben. Schlagobers in einen Spritzsack füllen und die Torte damit verzieren.

> **TIPP:** *Den Spritzsack nicht zu voll füllen, es soll noch so viel Platz bleiben, dass der Sack oben eingedreht werden kann.*

Haselnusslikörkuchen

5 Eier
250 g Staubzucker
1/4 l Öl
1/4 l Haselnusslikör
2 Pkg. Vanillezucker
125 g Kartoffelmehl
125 g Mehl
1 Pkg. Backpulver
Butter und gemahlene Haselnüsse für die Form

Zubereitungszeit: 1 Stunde 30 Minuten

Das Backrohr auf 170 °C vorheizen, eine Kranzform mit Butter bestreichen und mit gemahlenen Haselnüssen bestreuen. Eier, Staubzucker und Vanillezucker schaumig rühren. Das Öl und den Haselnusslikör langsam einarbeiten. Mehl mit Kartoffelmehl gut vermischen und dann mit dem Backpulver versieben, in die Masse einmengen. Alles gut verrühren bis ein glatter Teig entsteht. In die Form füllen und 1 Stunde 15 Minuten im Rohr backen.

Kuchen und Torten

Heidelbeerkuchen

300 g Butter
300 g Staubzucker
300 g Mehl
600 g Heidelbeeren
5 Eier
1 Pkg. Vanillezucker
abgeriebene Schale einer
1/2 Zitrone
1 Prise Salz
Butter und Mehl für das Backblech
Staubzucker zum Bestreuen

Zubereitungszeit: 1 Stunde 30 Minuten

Das Backrohr auf 170 °C vorheizen, Backblech mit Backpapier belegen. Heidelbeeren verlesen, sparsam waschen, gut abtropfen lassen. Butter mit Vanillezucker, Zucker, Zitronenschale und Salz cremig rühren, die Eier einzeln dazugeben und dann alles schaumig rühren. Gesiebtes Mehl untermischen, die Masse auf das Blech streichen und mit den Heidelbeeren bestreuen. Im Rohr 1 Stunde goldgelb backen. Nach dem Ende der Backzeit herausnehmen, auskühlen lassen und vor dem Servieren mit Staubzucker bestreuen.

Himbeerschnitten

100 g Mehl
120 g Staubzucker
4 Eier
250 g Topfen
80 g Staubzucker
1 EL Zitronensaft
200 g Himbeeren
6 Blatt Gelatine
3/8 l Schlagobers

Zubereitungszeit: 40 Minuten (ohne Kühlzeit)

Das Backrohr auf 220 °C vorheizen, eine rechteckige Backform mit Backpapier auslegen. Die Eier und Staubzucker schaumig schlagen, das gesiebte Mehl unterheben, Biskuitmasse in die Form füllen und 20 Minuten im Rohr backen. Nach dem Ende der Backzeit herausnehmen und auskühlen lassen. Inzwischen die Himbeeren verlesen, vorsichtig waschen und gut abtropfen lassen. Den Topfen mit Zucker, Zitronensaft und 1/8 l Schlagobers cremig rühren. Das restliche Schlagobers steif schlagen. Blattgelatine in kaltem Wasser einweichen, die Himbeeren mit einer Gabel zerdrücken und mit etwas Wasser aufkochen lassen. Die gut ausgedrückte Gelatine darin auflösen. Nun das Schlagobers und die Himbeeren unter die Topfenmasse rühren. Diese Creme auf das ausgekühlte Biskuit streichen und im Kühlschrank erstarren lassen. Vor dem Servieren in Schnitten schneiden.

Kuchen und Torten

Joghurtgugelhupf

1/4 l Joghurt
1/4 l Öl
200 g Staubzucker
1 Pkg. Vanillezucker
230 g Mehl
1/2 Pkg. Backpulver
abgeriebene Schale einer Zitrone
Butter und Mehl für die Form
Staubzucker zum Bestreuen

Zubereitungszeit: 1 Stunde 30 Minuten (ohne Ruhezeit)

Das Backrohr auf 180 °C vorheizen, eine Gugel-hupfform mit Butter bestreichen und mit Mehl bestreuen. Die Eier trennen, Öl mit Joghurt, der Hälfte des Staubzuckers, Vanillezucker und Zitronenschalen schaumig rühren. Nach und nach die Eidotter einrühren. Mehl mit dem Backpulver versieben, das Eiklar mit dem restlichen Zucker zu steifem Schnee schlagen. Zuerst den Schnee und dann die Mehlmischung unter den Abtrieb heben. Die Masse in die Form füllen und im Rohr 1 Stunde 10 Minuten backen. Nach dem Ende der Backzeit Gugelhupf aus dem Rohr nehmen, überkühlen lassen, stürzen und dann 3 Stunden rasten lassen. Vor dem Servieren mit Staubzucker bestreuen.

> **Tipp**: *Bevor Sie den Gugelhupf aus dem Rohr nehmen, stechen Sie mit einer Stricknadel in das Backgut, bleibt kein Teig kleben, ist der Gugelhupf fertig.*

Kardinalschnitten

5 Eiklar
180 g Staubzucker
1 TL Vanillezucker
3 Eidotter
2 Eier
55 g Mehl
55 g Staubzucker
3 EL Mocca
1/4 l Schlagobers
20 g Staubzucker
1 Prise Salz
abgeriebene Schale einer 1/2 Zitrone
Staubzucker zum Bestreuen

Zubereitungszeit: 1 Stunde

Backrohr auf 200 °C vorheizen, auf das Backblech 2 Backpapierstreifen mit einer Breite von 15 cm und einer Länge von 40 cm legen. Das Eiklar mit Vanillezucker, Zucker und der Prise Salz zu einem sehr steifen Schnee schlagen. Eier und Eidotter mit dem Staubzucker und Zitronenschale sehr schaumig rühren, das Mehl vorsichtig unterheben. Den Eischnee in einen Dressiersack füllen, auf jeden Backpapierstreifen 3 Streifen mit einer Breite von 2 cm spritzen, der Zwischenraum soll ebenfalls 2 cm breit sein. Dann die Dottermasse mit einem Dressiersack in die Zwischenräume spritzen. Im Rohr 20 Minuten backen. Nach dem Ende der Backzeit herausnehmen, wenden, das Backpapier abziehen und auskühlen lassen. Inzwischen das Schlagobers steif schlagen und

Kuchen und Torten

mit Staubzucker und Mocca glatt verrühren. Einen Streifen mit der Creme bestreichen, den zweiten Streifen darauf legen, vor dem Servieren mit Staubzucker bestreuen.

> **TIPP**: *Zum Portionieren ist es einfacher, wenn Sie den Oberteil bereits vorgeschnitten auf die Creme legen.*

Karottentorte

160 g Haselnüsse
160 g Karotten
4 Eier
100 g Staubzucker
2 EL Semmelbrösel
100 g Staubzucker
Saft von 2 Zitronen
Butter und Mehl für die Form

Zubereitungszeit: 1 Stunde 45 Minuten

Das Backrohr auf 180 °C vorheizen, eine Spring-form mit Butter bestreichen und mit Mehl bestreuen. Die Eier trennen, Karotten schälen und waschen. Nüsse und Karotten reiben. Eidotter mit dem Staubzucker schaumig rühren, die Karotten und Nüsse beimengen. Eiklar zu steifem Schnee schlagen und abwechselnd mit den Semmelbröseln unterheben. Die Masse in die Springform füllen und im Rohr 50 Minuten backen. Nach dem Ende der Backzeit Torte aus dem Rohr nehmen, stürzen und abkühlen lassen. Inzwischen die Zitronenglasur zubereiten, dafür den Staubzucker mit dem Zitronensaft 10 Minuten lang glatt verrühren. Die abgekühlte Torte mit der Zitronenglasur glasieren.

> **TIPP**: *Glasieren Sie die Torte, wenn sie noch warm ist, die Glasur bleibt dann glänzend. Stellen Sie die fertige Torte 2–3 Tage in den Kühlschrank, sie schmeckt dadurch viel aromatischer und wird saftiger.*

Kuchen und Torten

Kastaniengugelhupf

100 g passierte Kastanien
80 g geriebene Haselnüsse
150 g Staubzucker
40 g Mehl
40 g flüssige Butter
7 Eier
1 TL Vanillezucker
Butter und Mehl für die Form
Staubzucker zum Bestreuen

Zubereitungszeit: 1 Stunde 10 Minuten

Das Backrohr auf 180 °C vorheizen, eine Gugel-hupfform mit Butter bestreichen und mit Mehl bestreuen. Die Eier trennen, Eidotter mit der Hälfte des Zuckers und Vanillezucker schaumig rühren. Das Mehl mit den Hasel-nüssen und Kastanien gut vermischen. Eiklar mit dem restlichen Zucker zu steifem Schnee schlagen. Ein Drittel von dem Eischnee in die Dottermasse einrühren, restlichen Schnee abwechselnd mit der Mehl-Kastanien-Mischung unterheben. Die Masse in die Form füllen und 45 Minuten backen. Nach dem Ende der Backzeit Gugelhupf aus dem Rohr nehmen, kurz überkühlen lassen und dann stürzen. Vor dem Servieren mit Staubzucker bestreuen.

> **TIPP**: *Stellen Sie die Gugelhupfform nach dem Befetten und Bemehlen in den Kühlschrank, der Gugelhupf wird sich dann ganz leicht aus der Form lösen.*

Kirschfleck

1 1/2 kg Kirschen
250 g Mehl
20 g Germ
40 g Butter
40 g Staubzucker
1 Ei
2 Eidotter
1/8 l Milch
1 EL Vanillezucker
1 KL Zimt
abgeriebene Schale einer Zitrone
Butter für das Backblech
Staubzucker zum Bestreuen

Zubereitungszeit: 1 Stunde 30 Minuten

Das Backrohr auf 180 °C vorheizen, ein Backblech mit Backpapier belegen. Die Germ in der erwärmten Milch auflösen, 50 g Mehl dazugeben und glatt rühren, mit etwas Mehl bestauben, bei Zimmertemperatur bis zur doppelten Höhe aufgehen lassen. In einer Pfanne die Butter schmelzen, dann in eine Schüssel gießen, Eidotter, Ei, Zucker, Vanillezucker, Salz und Zitronenschale dazugeben, gut verrühren. In eine andere Schüssel das Mehl geben, salzen, eine Grube drücken, das Dampfl hineinleeren und mit Mehl abdecken, nun die Eidottermischung dazugeben, alles gut vermengen. Den Teig mit einem Kochlöffel so lange abschlagen, bis er sich von der Schüssel und dem Kochlöffel löst und seidig glatt ist. Teig mit einem Tuch abdecken und nochmals 20 Minu-

Kuchen und Torten

ten gehen lassen. Die Kirschen waschen, entstielen und entkernen. Auf einer bemehlten Arbeitsfläche den Teig ausrollen, auf das Backblech legen. Die Kirschen eng aneinander auf den Teig legen, den Teig nochmals gehen lassen. Mit Zimt bestreuen und im Rohr 40 Minuten backen. Vor dem Servieren mit Staubzucker bestreuen.

> **TIPP**: *Achten Sie darauf, dass die Germ immer frisch ist. Verwenden Sie prinzipiell immer mehr Eidotter als Eiklar, denn das Eiklar macht den Teig spröde.*

Linzer Torte

250 g Mehl
250 g geröstete, geriebene Mandeln
250 g Butter
250 g Staubzucker
1 Ei
1 EL Kakao
1 TL Zimt
3 EL Kirschwasser
1 Prise Nelkenpulver
200 g Ribiselmarmelade
1 Eidotter
1 EL Milch
1 Ei zum Bestreichen

Zubereitungszeit: 1 Stunde 30 Minuten (ohne Rastzeit)

Das Mehl mit den Mandeln vermischen und auf die Arbeitsfläche häufen. In die Mitte eine Mulde drücken, Butter in Würfel schneiden. Butter, Zucker, Ei, Kakao, Zimt, Kirschwasser und Nelkenpulver in die Mehlmulde geben und alles zusammen rasch zu einem weichen Mürbteig verarbeiten. Eine Kugel formen, in Alufolie wickeln und 1 Stunde in den Kühlschrank stellen. Backrohr auf 180 °C vorheizen, eine Springform mit Backpapier auslegen. Ribiselmarmelade mit Eidotter und Milch glatt rühren. Die Hälfte des Teiges ausrollen und in die Form legen. Aus restlichem Teig 1 cm dicke Stränge rollen. Daraus zuerst den Tortenrand formen, dann die Marmelade aufstreichen und aus den restlichen Strängen ein Gitter formen, mit versprudeltem Ei bestreichen. Linzer Torte im Rohr 1 Stunde 20 Minuten backen.

> **TIPP**: *Da genügend Fett im Mürbteig enthalten ist, darf die Form nicht befettet werden. Der Teig schmeckt auch viel besser, wenn Sie ihn bereits am Vortag zubereiten.*

Linzer Torte
(siehe Rezept Seite 64)

Foto: GUSTO / Stefan Liewehr

Marmorgugelhupf
(siehe Rezept Seite 68)

Foto: GUSTO / Stefan Liewehr

Rharbarberkuchen
(siehe Rezept Seite 77)

Foto: Foto Liesl Biber

Rehrücken
(siehe Rezept Seite 77)

Foto: Foto Liesl Biber

Malakofftorte

3 Eier
90 g Staubzucker
1 TL Vanillezucker
90 g Mehl
abgeriebene Schale einer
1/2 Zitrone
1 Prise Salz
60 Biskotten
1/16 l Milch
1/16 l Mocca
50 g Staubzucker
1 Eidotter
4 Blatt Gelatine
3/8 l Schlagobers
3 EL Milch
3 EL Rum
50 g Staubzucker
1/8 l Schlagobers
verschiedene Kompottfrüchte
Butter und Mehl für die Form

Zubereitungszeit: 1 Stunde 20 Minuten (ohne Kühlzeit)

Das Backrohr auf 180 °C vorheizen, eine Springform mit Butter bestreichen und mit Mehl bestreuen. Die Eier trennen, Eidotter mit der Hälfte des Zuckers, Vanillezucker, Zitronenschale und Salz schaumig rühren. Eiklar mit dem restlichen Zucker zu steifem Schnee schlagen, abwechselnd mit dem Mehl unter die Dottermasse heben. In die Form füllen und im Rohr 20 Minuten backen. Nach dem Ende der Backzeit Biskuit aus dem Rohr nehmen, auf ein mit Zucker bestreutes Backpapier stürzen und auskühlen lassen. Die Gelatine in kaltem Wasser einweichen, Eidotter mit Zucker sehr schaumig rühren, die Milch mit dem Mocca und Salz aufkochen und dann unter die Dottermasse rühren. Bei geringer Hitze so lange rühren, bis die Flüssigkeit cremig ist. Etwas überkühlen lassen, die gut ausgedrückte Gelatine darin auflösen. Das Schlagobers steif schlagen, ein Drittel davon in die Creme einrühren, restliches Obers vorsichtig unterheben. Milch mit Rum und Staubzucker gut verrühren und die Biskotten damit tränken. Den Biskuitboden in eine Springform legen, ein Drittel der Creme aufstreichen, dann Biskotten dicht auf die Creme legen, etwas andrücken. Die Form weiter abwechselnd mit jeweils quer zur vorherigen Lage gelegten, beträufelten Biskotten und Creme füllen. Mit der Creme abschließen, mit Alufolie abdecken und zum Festwerden in den Kühlschrank stellen, mindestens 2 Stunden. Für die Garnierung das Schlagobers steif schlagen, die Kompottfrüchte gut abtropfen lassen. Die Torte aus dem Kühlschrank nehmen, mit einem Messer den Rand lösen, Springreifen öffnen und vorsichtig abheben. Die Torte mit Schlagobers bestreichen und mit den Kompottfrüchten garnieren.

Mandeltorte

140 g Butter
140 g Staubzucker
140 g geriebene Mandeln
70 g Mehl
4 Eiklar
2 Tropfen Bittermandelaroma
4 Eidotter
140 g Zucker
1 TL Zitronensaft
Butter und Mehl für die Form

Zubereitungszeit: 1 Stunde 20 Minuten

Das Backrohr auf 180 °C vorheizen, eine Torten-form mit Butter bestreichen und mit Mehl bestreuen. Butter mit Zucker schaumig rühren, das Bittermandelaroma unterrühren, Mandeln mit dem Mehl vermengen. Eiklar zu steifem Schnee schlagen, abwechselnd die Mandel-Mehl-Mischung vorsichtig unterheben. In die Form füllen und 1 Stunde im Rohr backen. Für die Glasur Dotter mit Zucker und Zitronensaft 10 Minuten glatt verrühren. Nach dem Ende der Backzeit Torte herausnehmen, stürzen, ganz kurz überkühlen lassen, die Glasur auf die noch heiße Torte streichen.

Marillencremekuchen

180 g Staubzucker
180 g Butter
6 Eier
1 Pkg. Vanillezucker
1 EL Kakaopulver
1/2 KL Backpulver
1/4 l Milch
1/2 Pkg. Vanillepuddingpulver
3 EL Marillenlikör
4 Blatt Gelatine
3/8 l Schlagobers
120 g Marillenmarmelade
750 g Marillen
3 EL Rum

Zubereitungszeit: 1 Stunde 45 Minuten (ohne Kühl- und Ruhezeit)

Das Backrohr auf 190 °C vorheizen, eine rechteckige Kuchenform mit Backpapier auslegen. Die Eier trennen, Eidotter mit 60 g Zucker, Vanillezucker und Salz schaumig rühren. Das Mehl mit Kakaopulver und Backpulver versieben, Eiklar mit dem restlichen Zucker zu steifem Schnee schlagen. Abwechselnd mit der Mehlmischung unter die Dottermasse heben. Masse in die Form füllen und 50 Minuten im Rohr backen. Nach dem Ende der Backzeit herausnehmen, Kuchen in der Form erkalten und 2 Stunden ruhen lassen. Dann in 3 gleich dicke Böden schneiden. Aus der Milch, dem restlichen Zucker und Puddingpulver einen Pudding zubereiten, nach dem Erkalten Marillenlikör unterrühren. Marillen waschen, halbieren und entkernen. Marillenmarmelade mit Rum einmal aufkochen, 2 Kuchenböden damit bestreichen. Gelatine in kaltem Wasser einweichen, die Hälfte der Früchte im Mixer pürieren, anschließend durch ein Sieb streichen. Die Gelatine über Wasserdampf auflösen, Schlagobers steif schlagen, mit der

Gelatine und den passierten Marillen unter den Pudding heben. Eine Backform mit Klarsichtfolie auslegen, einen Kuchenboden hineinlegen, die Hälfte der halbierten Marillen auflegen, mit Creme bestreichen, dann den zweiten Kuchenboden auflegen. Wieder zuerst die restlichen Früchte auflegen und dann mit Creme bestreichen, zuletzt den dritten Boden auflegen. Den Kuchen mit Alufolie abdecken und 4 Stunden in den Kühlschrank stellen. Vor dem Servieren Kuchen aus der Form heben und in 4 cm breite quadratische Würfel schneiden.

> **TIPP**: *Zum Portionieren tauchen Sie das Messer in heißes Wasser und wischen Sie es anschließend trocken.*

Marillentorte mit Marzipan

250 g Marillen
110 g Rohmarzipan
3 Eier
125 g Butter
20 g Staubzucker
110 g Mehl
20 g Maizena
70 g Staubzucker
50 g Marillenmarmelade
1 TL Vanillezucker
1/2 EL Marillenlikör
1 Prise Salz
abgeriebene Schale einer
1/2 Zitrone
Butter und Semmelbrösel für die Form

Zubereitungszeit: 1 Stunde 15 Minuten

Das Backrohr auf 160 °C vorheizen, eine Spring-form mit Butter bestreichen und mit Semmelbröseln bestreuen. Die Marillen waschen, halbieren, entkernen und in Spalten schneiden. Einige Spalten für die Garnierung zur Seite legen. Marzipan kleinwürfelig schneiden, Eier trennen. Eidotter mit Marzipanwürfeln mit dem Mixer glatt verrühren. Butter mit Staubzucker, Vanillezucker, Marillenlikör, Salz und Zitronenschale cremig rühren. Marzipanmasse langsam beifügen und alles gut verrühren. Mehl mit dem Stärkemehl versieben, Eiklar mit Zucker zu steifem Schnee schlagen, drei Esslöffel vom Schnee unter die Dottermasse rühren. Restlichen Schnee abwechselnd mit der Mehlmischung und den Marillenspalten unter die Masse heben. Den Teig in die Form füllen und 45 Minuten backen. Nach dem Ende der Backzeit die Form aus dem Rohr nehmen, Kuchen auskühlen lassen. Marillenmarmelade vorsichtig erwärmen, Kuchen mit den reservierten Marillenspalten belegen und mit der Marmelade bestreichen.

Kuchen und Torten

Marmorgugelhupf

60 g Mehl
50 g Maizena
1/2 TL Backpulver
3 Eier
100 g Staubzucker
1 EL Vanillezucker
100 g flüssige Butter
1 TL Kakaopulver
1 EL Wasser
1/2 EL Öl
1 Prise Salz
Butter und Semmelbrösel für die Form

Zubereitungszeit: 1 Stunde 30 Minuten

Das Backrohr auf 180 °C vorheizen, eine Gugelhupfform mit Butter bestreichen und mit Semmelbröseln bestreuen. Mehl mit Maizena und Backpulver versieben, Kakaopulver mit Öl und Wasser gut verrühren. Die Eier mit Vanillezucker, Zucker und Salz schaumig rühren, erst die Mehlmischung und dann die flüssige Butter unterrühren. Die Kakaomischung mit einem Drittel des Teiges vermengen. Zuerst die Hälfte der hellen Masse in die Form füllen, dann die Kakaomasse und zum Abschluss die restliche helle Masse. Marmorgugelhupf 45 Minuten im Rohr backen. Nach dem Ende der Backzeit Gugelhupf aus dem Rohr nehmen und zugedeckt in der Form abkühlen lassen.

Marzipanschnitten

200 g Butter
300 g Mehl
100 g Staubzucker
1 Ei
1 Eidotter
9 Eier
500 g Rohmarzipan
160 g Staubzucker
1 Pkg. Vanillezucker
150 g geriebene Haselnüsse
1 EL Orangenlikör
50 g Mehl
50 g Maizena
180 g flüssige Butter
abgeriebene Schale einer 1/2 Orange
250 g Staubzucker
150 g Marillenmarmelade
5 TL Wasser
1 TL Öl
1 TL Rum

Zubereitungszeit: 2 Stunden

Mehl und kalte Butter auf einem Brett abbröseln, gesiebten Staubzucker untermischen, in die Mitte eine Grube drücken, Ei und Eidotter beigeben und alles schnell zu einem glatten Teig verkneten, 20 Minuten im Kühlschrank rasten lassen. Das Backrohr auf 160° vorheizen, auf einer bemehlten Arbeitsfläche den Teig ausrollen, ungefähr 3 mm dick. Teig auf ein mit Backpaier Belegtes Backblech legen, er sollte über den Rand hinaus stehen. Überschüssigen Teig abschneiden, mehrmals mit der Gabel einstechen, im Rohr 7 Minuten vorbacken, auskühlen lassen. Rohmarzipan kleinwürfelig schneiden, mit Eiern, Vanillezucker, Orangenlikör, Orangenschalen, Salz und Staubzucker cremig rühren. Maizena, Mehl und Haselnüsse gut vermengen, unter die Marzipanmasse heben und zuletzt die flüssige Butter dazugeben. Marzipanmasse auf dem Mürbteig gleichmäßig verstreichen und im Rohr 50 Minuten backen. Kurz vor dem Ende der Backzeit, die

Kuchen und Torten

Marmelade im Wasserbad erwärmen, 250 g Staubzucker, Öl, Wasser und Rum gut vermischen und für die Glasur 10 Minuten glatt rühren. Fertigen Kuchen aus dem Rohr nehmen, mit Marillenmarmelade bestreichen und mit der Glasur überziehen.

Mohntorte

180 g Butter
160 g Staubzucker
180 g gemahlener Mohn
6 Eier
50 g Schokolade
50 g geriebene Walnüsse
150 g Kochschokolade
90 g Butter
Butter und Mehl für die Form

Zubereitungszeit: 1 Stunde 10 Minuten

Das Backrohr auf 180 °C vorheizen, eine Springform mit Butter bestreichen und mit Mehl bestreuen. 50 g Schokolade im Wasserbad schmelzen lassen. Die Eier trennen, Butter mit 60 g Zucker schaumig rühren, die Eidotter nach und nach zugeben und cremig schlagen. Lauwarme Schokolade, Nüsse und Mohn unterrühren. Eiklar mit dem restlichen Zucker zu steifem Schnee schlagen und unterheben. Masse in die Form füllen und 40 Minuten backen. Nach dem Ende der Backzeit die Torte aus dem Rohr nehmen, stürzen und auf einem Kuchengitter auskühlen lassen. Für die Glasur Kochschokolade im Wasserbad schmelzen, Butter einrühren, vom Wasserbad nehmen, so lange rühren, bis die Glasur lauwarm ist, Torte damit überziehen.

Kuchen und Torten

Nusspotitze

250 g Mehl
50 g Butter
20 g Germ
50 g Staubzucker
2 Eidotter
1 Ei
1/4 l Milch
2 EL Vanillezucker
300 g geriebene Walnüsse
1 EL Honig
80 g Staubzucker
2 EL Rum
50 g Rosinen
1 MS Zimt
100 g Ribiselmarmelade
abgeriebene Schale einer Zitrone
1 Prise Salz
Butter zum Bestreichen
Staubzucker zum Bestreuen

Zubereitungszeit: 2 Stunden

Backrohr auf 180 °C vorheizen, eine Kastenform mit Butter bestreichen, Rosinen mit heißem Wasser waschen, abtropfen und abtrocknen. Etwas weniger als 1/8 l Milch erwärmen, Germ darin auflösen, etwas Mehl dazugeben, umrühren, mit Mehl bestauben und zugedeckt bis zur doppelten Höhe aufgehen lassen. Restliche Milch mit Zimt, 1 TL Vanillezucker, 80 g Zucker, Honig und Hälfte der Zitronenschale aufkochen, Nüsse unterrühren und quellend kochen. Den Rum und die Rosinen untermengen, die Füllmasse erkalten lassen. In einer Pfanne Butter erwärmen, dann Ei, Eidotter, Staubzucker, 1 TL Vanillezucker, restliche Zitronenschale und Salz beifügen, gut vermengen. Das Mehl in eine Schüssel geben, salzen und in der Mitte eine Grube drücken, das Dampfl hineinleeren, mit Mehl abdecken und dann das Milchgemisch beigeben. Mit einem Kochlöffel vermengen, den Teig so lange abschlagen, bis er sich von der Schüssel und dem Kochlöffel löst, zugedeckt 20 Minuten gehen lassen. Auf einer bemehlten Arbeitsfläche Teig ausrollen, mit Ribiselmarmelade bestreichen, die Fülle gleichmäßig verteilen. Den Teig nun von beiden Seiten zur Mitte hin einrollen. In die Kastenform legen, nochmals kurz gehen lassen, im Rohr 1 Stunde backen. Nach dem Ende der Backzeit aus dem Rohr nehmen, kurz überkühlen lassen, stürzen, vor dem Servieren mit Staubzucker bestreuen.

> **TIPP:** *Germteig wird besonders saftig, wenn Sie statt ganzen Eiern nur den Eidotter verwenden, dafür aber mehr Butter beimengen.*

Kuchen und Torten

Nusstorte

400 g geriebene Haselnüsse
200 g Staubzucker
6 Eier
1 Pkg. Vanillezucker
150 g Butter
150 g Staubzucker
1 Ei
1 Pkg. Vanillezucker
2 EL Kakaopulver
Saft einer 1/2 Zitrone
1 Prise Salz
Butter und Mehl für die Form

Zubereitungszeit: 1 Stunde 10 Minuten

Backrohr auf 180 °C vorheizen, Tortenform mit Butter bestreichen und mit Mehl bestreuen. Eier trennen, Eidotter mit 50 g Zucker, Vanillezucker und der Prise Salz schaumig schlagen. Eiklar mit restlichem Zucker zu steifem Schnee schlagen und unter die Dottermasse heben. Zuletzt Haselnüsse und Zitronensaft vorsichtig unter die Masse heben. Den Teig in die Form füllen, glatt streichen und 50 Minuten backen. Nach Ende der Backzeit Nusstorte aus dem Rohr nehmen, in der Form erkalten lassen, dann stürzen. Für die Buttercreme weiche Butter mit 150 g Staubzucker, Vanillezucker und Ei sehr cremig rühren, dann das Kakaopulver unterrühren. Die Torte in der Mitte durchschneiden, mit der Buttercreme füllen. Wieder zusammensetzen und die restliche Creme auf den Rand und die Oberseite streichen.

> **TIPP:** *Die Torte können Sie am besten mit einem Nylonfaden durchschneiden. Legen Sie diesen in der Mitte um die Torte und ziehen Sie ihn einfach zusammen.*

Nuss-Schokolade-Kuchen

100 g Öl
200 g Mehl
200 g Staubzucker
4 Eier
1/8 l Wasser
100 g geriebene Haselnüsse
1/2 Pkg. Backpulver
3 Rippen Kochschokolade
1/16 l Rum
geriebene Schale, Saft 1/2 Zitrone
1 Prise Salz
Butter, Semmelbrösel für die Form
Staubzucker zum Bestreuen

Zubereitungszeit: 1 Stunde 15 Minuten

Das Backrohr auf 200 °C vorheizen, eine Kastenform mit Butter bestreichen und mit Semmelbröseln bestreuen. Die Eier trennen, Mehl mit Backpulver versieben, Schokolade im Wasserbad schmelzen, überkühlen lassen. Öl, Zucker, Eidotter, Salz und Wasser schaumig rühren. Rum dazugeben, dann die Mehlmischung, Nüsse und Schokolade unterrühren. Das Eiklar zu festem Schnee schlagen und vorsichtig unter die Nussmasse heben. Teig in die Form gießen und 50 Minuten im Rohr backen. Nach dem Ende der Backzeit Kuchen aus dem Rohr nehmen, stürzen und erkalten lassen. Vor dem Servieren mit Staubzucker bestreuen.

Kuchen und Torten

Obersgugelhupf

4 Eier
250 g Staubzucker
1 Pkg. Vanillezucker
50 g Rosinen
4 EL Rum
80 g Kochschokolade
1/4 l Schlagobers
250 g Mehl
1/2 Pkg. Backpulver
Saft einer 1/2 Zitrone
Butter und Semmelbrösel für die Form
Staubzucker zum Bestreuen

Zubereitungszeit: 1 Stunde 30 Minuten
(ohne Einweichzeit)

Rosinen über Nacht in Rum einweichen. Am Tag der Zubereitung das Backrohr auf 180 °C vorheizen, Gugelhupfform mit Butter bestreichen und mit Semmelbröseln bestreuen. Mehl mit dem Backpulver versieben, Schokolade kleinwürfelig schneiden, Eier trennen, das Schlagobers steif schlagen. Eiklar zu Schnee schlagen, ein Drittel der Zuckermenge löffelweise einschlagen. Eidotter, restlichen Zucker und Vanillezucker dickschaumig rühren. Zitronensaft, Rosinen, etwas Rum, Schokolade und Mehlmischung zugeben und gut vermischen. Vorsichtig den Eischnee und Schlagobers untermengen. Masse in die Form füllen und 1 Stunde backen. Nach Ende der Backzeit Gugelhupf aus dem Rohr nehmen, stürzen, erkalten lassen, vor dem Servieren mit Staubzucker bestreuen.

Obstkuchen

250 g Butter
250 g Staubzucker
250 g Mehl
5 Eier
Saft einer 1/2 Zitrone
1 kg Obst (Marillen, Zwetschken)
Butter für das Backblech
Staubzucker zum Bestreuen

Zubereitungszeit: 45 Minuten

Backrohr auf 180 °C vorheizen, ein Backblech mit Backpapier belegen. Obst waschen, halbieren und entkernen, Eier trennen. Die Butter flaumig rühren, Zucker und die Eidotter nach und nach unterrühren, dann den Zitronensaft beifügen. Eiklar zu steifem Schnee schlagen abwechselnd mit dem Mehl vorsichtig unter den Abtrieb heben. Teig auf das Backblech streichen und eng mit den Früchten belegen. Im Rohr 25 Minuten backen. Nach dem Ende der Backzeit Kuchen aus dem Rohr nehmen, erkalten lassen. Vor dem Servieren portionieren und mit Staubzucker bestreuen.

> **TIPP:** *Tauchen Sie die Früchte vor dem Belegen kurz in etwas Mehl, sie sinken dann nicht so stark zu Boden.*

Öl-Biskuit

100 g Öl
100 g Wasser
250 g Staubzucker
250 g Mehl
7 Eier
1 MS Backpulver
Saft einer Zitrone
Butter und Mehl für die Formen
Staubzucker zum Bestreuen

Zubereitungszeit: 1 Stunde 15 Minuten

Das Backrohr auf 180 °C vorheizen, 2 Kastenformen mit Butter bestreichen und mit Mehl bestreuen. Mehl mit Backpulver versieben, Eier trennen. Das Öl, Wasser, Eidotter und Zucker mit dem Mixer 10 Minuten gut durchmischen. Eiklar zu steifem Schnee schlagen, Mehlmischung und Zitronensaft unter die Masse rühren, den Eischnee vorsichtig unterheben. Teig in die Formen füllen und 50 Minuten backen. Nach dem Ende der Backzeit Kuchen aus dem Rohr nehmen, stürzen und erkalten lassen. Vor dem Servieren mit Staubzucker bestreuen.

> **TIPP:** *Für einen Marmorkuchen lassen Sie einen Teil des Teiges zurück und vermischen diesen sehr gut mit 1 EL gesiebtem Kakaopulver. Dunklen Teig auf den hellen Teig geben und mit einem Kochlöffelstiel vorsichtig*

Orangenkuchen

200 g Staubzucker
4 Eier
70 g Erdäpfelmehl
1 KL Backpulver
2 EL Orangensaft
abgeriebene Schale einer Orange
1 Prise Salz

Zubereitungszeit: 50 Minuten

Das Backrohr auf 160 °C vorheizen, eine Kasten-form mit Backpapier auslegen. Erdäpfelmehl mit Backpulver und Salz versieben. Die Eier und Zucker schaumig rühren, Mehlmischung abwechselnd mit dem Orangensaft und Schale unter die Eiermasse rühren. Teig in die Form füllen, im Rohr 15 Minuten backen, dann die Temperatur auf 180 °C stellen und den Kuchen 20 Minuten fertig backen. Nach dem Ende der Backzeit Kuchen aus dem Rohr nehmen, stürzen und erkalten lassen.

Panamatorte

150 g Staubzucker
7 Eidotter
5 Eiklar
70 g geriebene Schokolade
150 g geriebene Mandeln
150 g Butter
1 Pkg. Vanillezucker
100 g Staubzucker
70 g Schokolade
2 Eier
100 g gehackte Mandeln zum Bestreuen

Zubereitungszeit: 1 Stunde

Das Backrohr auf 180 °C vorheizen, eine Tortenform mit Backpapier auslegen. Eidotter mit dem Staubzucker schaumig rühren, das Eiklar zu festem Schnee schlagen, abwechselnd mit den Mandeln und der Schokolade unter die Masse heben. Teig in die Form füllen und 45 Minuten backen. Nach dem Ende der Backzeit Torte aus dem Rohr nehmen, stürzen und erkalten lassen. Inzwischen die Creme zubereiten. Schokolade im Wasserbad erweichen, überkühlen lassen. Butter mit Vanillezucker und Staubzucker cremig rühren. Dann nach und nach die lauwarme Schokolade und die Eier unterrühren. Abgekühlte Torte in der Mitte durchschneiden, mit einem Teil der Creme füllen, zusammensetzen und mit der restlichen Creme den Rand und die Oberseite bestreichen. Mit den gehackten Mandeln bestreuen.

Pariser Schnitten

280 g Butter
280 g Staubzucker
8 Eier
4 Rippen Kochschokolade
280 g geriebene Haselnüsse
30 g Mehl
Ribiselmarmelade zum Bestreichen
Schokostreusel zum Bestreuen
Butter für das Backblech

Zubereitungszeit: 45 Minuten

Das Backrohr auf 200 °C vorheizen, ein Backblech mit Backpapier belegen. Kleingeschnittene Schokolade über Wasserdampf schmelzen, abkühlen lassen, Eier trennen. Butter, Staubzucker und Eidotter schaumig rühren. Lauwarme Schokolade, Nüsse und Mehl nacheinander unterrühren. Eiklar zu steifem Schnee schlagen, vorsichtig unterheben. Die Masse gleichmäßig auf das Backblech streichen und 30 Minuten backen. Nach dem Ende der Backzeit Kuchen aus dem Rohr nehmen und auskühlen lassen. Dünn mit der Marmelade bestreichen und dicht mit den Schokostreuseln bestreuen, vor dem Servieren in Schnitten schneiden.

Kuchen und Torten

Preiselbeerschnitten

300 g gemahlene Haselnüsse
300 g Mehl
150 g Staubzucker
250 g Butter
4 Eidotter
5 Eiklar
900 g Preiselbeermarmelade
150 g gemahlenen Haselnüsse
150 g Staubzucker
1 KL Zimt
1 Prise Nelkenpulver
abgeriebene Schale einer 1/2 Zitrone
Butter für das Backblech

Zubereitungszeit: 1 Stunde 30 Minuten

Mehl, Eidotter, Haselnüsse, Butter und Zucker zu glattem Teig verkneten, 30 Minuten im Kühlschrank rasten lassen. Das Backrohr auf 180 °C vorheizen, Backblech mit Butter bestreichen. 2 Stück Backpapier in Größe des Backblechs ausschneiden, den Teig zwischen dem Papier ausrollen, oberstes Papier entfernen, Teigplatte auf das Backblech stürzen, Papier abziehen. Teig mit Preiselbeermarmelade einstreichen. Eiklar mit Zucker zu sehr festem Schnee schlagen, Haselnüsse, Zimt, Nelkenpulver und Zitronenschale vorsichtig unterheben, Schneemasse auf die Preiselbeeren verteilen und 20 Minuten backen. Nach Ende der Backzeit Kuchen aus dem Rohr nehmen, erkalten lassen, vor dem Servieren in Schnitten schneiden.

> **Tipp:** *Da die Schnitten sehr weich sind, sollten Sie sie vorsichtig vom Backblech lösen.*

Punschtorte

120 g Staubzucker
4 Eier
80 g Mehl
4 EL Rum
80 g Ribiselmarmelade
80 g Schokolade
1 EL Staubzucker
Saft einer 1/2 Zitrone
Saft einer 1/2 Orange
200 g Zucker
2 EL Rum
5 Tropfen Himbeersaft
Butter und Mehl für die Form
Marillenmarmelade zum Bestreichen

Zubereitungszeit: 1 Stunde 30 Minuten

Backrohr auf 180 °C vorheizen, eine Tortenform mit Butter bestreichen und mit Mehl bestreuen. Die Eier trennen, Eidotter mit 80 g Zucker schaumig rühren, Schnee halbfest schlagen, dann restlichen Zucker löffelweise beifügen und zu festem Schnee ausschlagen. Ein Drittel der Schneemasse abwechselnd mit dem Mehl unter die Eidottermasse rühren, restlichen Schnee vorsichtig unterheben. Masse in die Form füllen, im Rohr, bei etwas geöffneter Türe, 10 Minuten backen, dann die Türe schließen, Hitze auf 160 °C reduzieren und weitere 50 Minuten backen. Nach dem Ende der Backzeit aus dem Rohr nehmen und auskühlen lassen. Schokolade im Wasserbad schmelzen, abgekühlte Torte zweimal durchschneiden. Den mittleren Teil zerbröseln. Diese Brösel mit

Ribiselmarmelade, Rum, lauwarmer Schokolade, Zucker, Zitronensaft und Orangensaft gut verrühren. Fülle auf den unteren Teil der Torte streichen und die Torte wieder zusammensetzen. Für die Glasur Staubzucker, Rum und Himbeersaft 10 Minuten lang glatt rühren. Torte mit der Marillenmarmelade bestreichen und mit der Glasur überziehen.

Quittentorte

150 g Mehl
50 g Staubzucker
100 g Butter
1 Eidotter
1 Prise Salz
800 g Quitten
100 g Butter
100 g Staubzucker
1/8 l Schlagobers
2 Eier
1 Eidotter
1 KL Zitronensaft
Linsen zum Blindbacken
Staubzucker zum Bestreuen

Zubereitungszeit: 1 Stunde 45 Minuten

Backrohr auf 200 °C vorheizen, Butter, Mehl, Staubzucker, Eidotter und Salz zu geschmeidigem Teig verkneten. Den Teig halbieren, mit einer Hälfte den Boden einer Springform auslegen, zweite Hälfte zu einer Rolle formen und als Rand in die Form legen. 20 Minuten in das Tiefkühlfach stellen, dann den Teigboden mit Backpapier abdecken, Linsen einfüllen und 15 Minuten im Rohr backen, herausnehmen und das Backrohr auf 160° zurückstellen. Mürbteig überkühlen lassen, Linsen wieder entfernen. Quitten schälen, in Spalten schneiden und entkernen. In einer Pfanne Butter schmelzen, Zucker zugeben und unter ständigem Rühren hellbraun karamellisieren. Mit Schlagobers aufgießen und einmal aufkochen lassen. Quitten dazugeben und bei geringer Hitze zugedeckt 25 Minuten dünsten lassen. Quitten herausnehmen, abtropfen und auf den Teigboden legen. Karamell mit Eiern, Eidotter und Zitronensaft verquirlen und die Quitten damit übergießen. Torte im Rohr 45 Minuten backen. Nach dem Ende der Backzeit aus dem Rohr nehmen, überkühlen lassen, aus der Form lösen. Vor dem Servieren mit Staubzucker bestreuen.

Rehrücken

100 g Schokolade
5 Eier
100 g Butter
140 g Staubzucker
140 g geriebene Mandeln
60 g Semmelbrösel
100 g Marillenmarmelade
150 g Kochschokolade
90 g Butter
Butter, Semmelbrösel für die Form

Zubereitungszeit: 1 Stunde 30 Minuten

Backrohr auf 150 °C vorheizen, Rehrückenform mit Butter bestreichen und mit Semmelbröseln bestreuen. 100 g Schokolade im Wasserbad schmelzen, vom Herd nehmen und so lange glatt rühren, bis sie lauwarm ist. Eier trennen, Butter, Schokolade und Staubzucker schaumig rühren, nach und nach die Eidotter unterrühren. Eiklar zu steifem Schnee schlagen, abwechselnd mit den geriebenen Mandeln und Semmelbröseln unter die Masse heben. Diese Masse in die Form füllen und ansteigend bis 180 °C langsam im Rohr 1 Stunde backen. Für die Glasur die Kochschokolade im Wasserbad schmelzen, mit der Butter glatt rühren, lauwarm verwenden. Nach dem Ende der Backzeit Kuchen aus dem Rohr nehmen, stürzen, überkühlen lassen. Im Wasserbad die Marillenmarmelade erwärmen, Rehrücken dünn damit bestreichen und dann mit der Schokoladeglasur überziehen.

> **TIPP:** *Man bestreicht einen Kuchen mit Marillenmarmelade, damit die Glasur glatt wird, besser hält und glänzend bleibt. Außerdem trocknet der Kuchen dadurch nicht aus.*

Rharbarberkuchen

150 g Butter
150 g Staubzucker
1 Pkg. Vanillezucker
500 g Rhabarber
6 Eier
450 g Mehl
1 Pkg. Backpulver
1/8 l Milch
150 g Zucker
1 Prise Salz
abgeriebene Schale einer 1/2 Zitrone
Staubzucker zum Bestreuen

Das Backrohr auf 180 °C vorheizen, ein Backblech mit Backpapier belegen. Eier trennen, das Mehl mit Backpulver versieben. Rhabarber schälen, in 2-cm-Stücke schneiden und mit etwas Zucker vermischen. Butter mit Staubzucker, Vanillezucker, Salz und Zitronenschale cremig rühren. Eidotter einzeln in den Abtrieb rühren und anschließend Milch tropfenweise einrühren. Eiklar mit Zucker zu einem cremigen Schnee schlagen, davon ein Drittel unter den Abtrieb rühren. Restlichen Schnee abwechselnd mit der Mehlmischung vorsichtig unterhe-

Kuchen und Torten

*Zubereitungszeit: 1 Stunde
15 Minuten*

ben. Masse auf das Backblech streichen, mit dem Rhabarber belegen und 45 Minuten im Rohr backen. Nach dem Ende der Backzeit aus dem Rohr nehmen, auskühlen lassen, vor dem Servieren mit Staubzucker bestreuen.

Rhabarberstrudel

*4 Blatt Strudelteig
400 g Rhabarber
60 g Butter
90 g Semmelbrösel
60 g Kristallzucker
1 Pkg. Vanillezucker
3 MS Zimt
60 g geriebene Mandeln
60 g flüssige Butter
Staubzucker zum Bestreuen*

Zubereitungszeit: 1 Stunde

Das Backrohr auf 180 °C vorheizen, ein Backblech mit Backpapier belegen. Rhabarber putzen, aber nicht schälen, waschen, abtrocknen. Dicke Stangen halbieren und im 1 cm große Stücke schneiden, mit Zucker, Vanillezucker, Mandeln und 2 MS Zimt vermengen. In einer Pfanne Butter erhitzen, Semmelbrösel anrösten und mit restlichem Zimt vermischen. Auf ein befeuchtetes Tuch 2 Strudelblätter legen, mit flüssiger Butter bestreichen und dann die restlichen Blätter auflegen. Zuerst die Semmelbrösel auf 1/3 des Teiges streuen, dann die Fülle darauf verteilen. Freie Teigflächen mit Butter bestreichen, Seitenränder einschlagen und mit Hilfe des Tuches Strudel fest einrollen. Auf das Backblech legen, mit restlicher flüssiger Butter bestreichen und im Rohr 30 Minuten backen. Nach dem Ende der Backzeit Strudel aus dem Rohr nehmen, 10 Minuten rasten lassen, vor dem Servieren mit Staubzucker bestreuen.

Ribiselschnitten mit Schaum

150 g Staubzucker
1 Pkg. Vanillezucker
250 g Mehl
1/2 Pkg. Backpulver
3 Eier
3 EL Wasser
50 g flüssige Butter
1/16 l Milch
200 g Staubzucker
200 g Ribisel besser 300 g
3 Eiklar besser 4
Butter und Mehl für das Backblech
Ribiselmarmelade

Zubereitungszeit: 1 Stunde

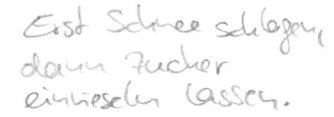

Erst Schnee schlagen, dann Zucker einrieseln lassen.

Das Backrohr auf 175 °C vorheizen, ein Backblech mit Backpapier belegen. Mehl mit dem Backpulver versieben, die Eier trennen. Eidotter mit Staubzucker, Vanillezucker, Wasser und flüssiger Butter cremig rühren. Milch löffelweise unterrühren, Eiklar zu steifem Schnee schlagen, abwechselnd mit der Mehlmischung unter den Abtrieb heben. Die Masse auf das Backblech streichen und 30 Minuten backen. Nach dem Ende der Backzeit Kuchen aus dem Rohr nehmen und abkühlen lassen. In dieser Zeit die Ribiseln abrebeln, waschen und gut abtropfen lassen. Ribiselmarmelade im Wasserbad erwärmen, damit dünn die Oberfläche des Kuchens bestreichen, Ribisel darauf verteilen. Eiklar mit Staubzucker zu sehr festem Schnee schlagen, auf den Ribiseln verteilen und bei 100 °C nochmals überbacken.

> **TIPP:** *Das Backpulver immer gut mit Mehl versieben, sonst entstehen Löcher im Teig. Den fertigen Teig sofort backen, wenn er länger steht, verliert das Backpulver seine Wirkung und der Teig wird speckig.*

Ribiseltorte

100 g Butter
120 g Mehl
40 g geriebene Mandeln
40 g Staubzucker
3 EL Ribiselmarmelade
1 kg Ribiseln
1/4 l Ribiselwein
1 Pkg. rotes Tortengelee
2 EL Zucker

Zubereitungszeit: 45 Minuten

Das Backrohr auf 200 °C vorheizen. Mehl und Butter auf einem Brett abbröseln, Zucker und Mandeln einarbeiten, zu einem glatten Teig verkneten. Teig ausrollen, Boden und Rand einer Springform damit belegen, im Rohr 20 Minuten backen. Inzwischen die Ribiseln abrebeln, waschen, gut abtropfen lassen. Die Hälfte der Ribiseln passieren. Nach Ende der Backzeit den heißen Tortenboden mit der Ribiselmarmelade bestreichen, überkühlen lassen. Ribiselmark mit Ribiselwein verrühren und mit Zucker und Tortengelee gut verrühren. Diese Mischung zum Kochen bringen, 1 Minute schwach kochen lassen, dann das Gelee 10 Minuten abkühlen lassen. Ribisel auf der Torte verteilen und das Gelee über die Ribisel gießen, im Kühlschrank fest werden lassen.

Rosinenkuchen

6 Eier
40 g Rosinen
130 g Mehl
130 g Staubzucker
1 Pkg. Vanillezucker
30 g Butter
abgeriebene Schale einer
1/2 Zitrone
250 g Staubzucker
1 TL Öl
6 EL Rum
1 Prise Salz
Butter und Mehl für die Form

Zubereitungszeit: 1 Stunde 30 Minuten

Das Backrohr auf 170° vorheizen, eine Rehrückenform mit Butter bestreichen und mit Mehl bestreuen. Rosinen mit heißem Wasser waschen, gut abtropfen lassen, die Eier trennen. Eidotter mit 80 g Zucker, Zitronenschale, Vanillezucker und Salz cremig rühren. Eiklar mit dem restlichen Zucker zu steifem Schnee schlagen, ein Drittel davon in die Dottermasse einrühren, restlichen Schnee abwechselnd mit dem Mehl vorsichtig unterheben. In einer Pfanne die Butter zerlassen, mit den Rosinen unter den Teig ziehen. Die Masse in die Form füllen und 45 Minuten backen. Nach dem Ende der Backzeit Kuchen aus dem Rohr nehmen, 10 Minuten überkühlen lassen, dann stürzen und erkalten lassen. Für die Glasur Staubzucker, Öl und Rum mit dem Mixer 10 Minuten gut verrühren, über den noch warmen Kuchen gießen, 30 Minuten fest werden lassen.

> **TIPP:** *Zum Glasieren sollte der Kuchen noch warm sein, die Glasur trocknet schneller und bleibt glänzend.*

Sandkuchen
(siehe Rezept Seite 83)

Foto: Foto Liesl Biber

Schwarzwälder Kirschtorte
(siehe Rezept Seite 86)

Foto: Foto Liesl Biber

Weintraubenkuchen
(siehe Rezept Seite 93)

Foto: Foto Liesl Biber

Erdbeercreme
(siehe Rezept Seite 102)

Foto: Foto Liesl Biber

Rotweinkuchen

200 g Staubzucker
200 g Butter
4 Eier
1 Pkg. Vanillezucker
1 TL Kakao
1 TL Zimt
1 Prise Salz
1/8 l Rotwein
200 g Mehl
1/2 Pkg. Backpulver
100 g Schokoladestreusel
Butter und Zucker für die Form

Zubereitungszeit: 1 Stunde

Das Backrohr auf 150 °C vorheizen, eine Kastenform mit Butter bestreichen und mit Mehl bestreuen. Mehl mit Backpulver versieben und mit den Schokoladestreuseln vermischen. Eier trennen, Butter mit 150 g Zucker schaumig rühren, Eidotter nach und nach unterrühren, zuletzt Rotwein, Zimt, Kakao und Salz einrühren. Eiklar mit restlichem Zucker und Vanillezucker zu steifem Schnee schlagen, mit der Mehlmischung abwechselnd unter die Masse heben. Den Teig in die Form füllen zuerst bei 150 °C ansteigend bis 180 °C 40 Minuten im Rohr backen. Nach dem Ende der Backzeit aus dem Rohr nehmen, stürzen und erkalten lassen.

Tipp: *Der Butterabtrieb muss sehr schaumig gerührt werden, der Zucker soll sich vollständig auflösen. Das dauert mit dem Handmixer 10 Minuten, in der Küchenmaschine 5 Minuten.*

Sachergugelhupf

100 g Butter
140 g Staubzucker
100 g Schokolade
4 Eier
70 g Mehl
1/4 Pkg. Backpulver
Butter und Mehl für die Form
Staubzucker zum Bestreuen

Zubereitungszeit: 1 Stunde 30 Minuten

Das Backrohr auf 180 °C vorheizen, eine Gugelhupfform mit Butter bestreichen und mit Mehl bestreuen. Die Eier trennen, Schokolade im Wasserbad schmelzen, durch ständiges Rühren abkühlen. Das Mehl mit dem Backpulver versieben. Butter und Zucker sehr schaumig rühren, Eidotter nach und nach unterrühren, dann die lauwarme Schokolade unterziehen. Eiklar zu steifem Schnee schlagen, abwechselnd mit der Mehlmischung unter den Abtrieb heben. Die Masse in die Form füllen und 1 Stunde im Rohr backen. Nach dem Ende der Backzeit Gugelhupf aus dem Rohr nehmen, stürzen und abkühlen lassen. Vor dem Servieren mit Staubzucker bestreuen.

Kuchen und Torten

Sachertorte

185 g Halbbitterschokolade
125 g Butter
8 Eidotter
10 Eiklar
1 TL Vanillezucker
100 g Zucker
100 g Mehl
1 Prise Salz
85 g Bitterschokolade
1/4 l Obers
1 Ei
1 TL Vanillezucker
Marillenmarmelade zum Füllen
Butter zum Bestreichen

Zubereitungszeit: 1 Stunde 45 Minuten

Backrohr auf 175 °C vorheizen, Boden einer Springform mit Butter bestreichen, Backpapier in Größe des Bodens ausschneiden, auflegen, mit Butter bestreichen. Halbbitterschokolade im Wasserbad schmelzen, unter ständigem Rühren abkühlen lassen. Eidotter sehr steif rühren, die lauwarme Schokolade untermischen. In einer Pfanne Butter zerlassen, lauwarm mit Vanillezucker unter die Masse rühren. Eiklar halb steif schlagen, Salz dazugeben, Zucker löffelweise einrühren, weiter schlagen, bis ein fester Eischnee entsteht. 1/3 des Eischnees unter die Schokolademasse mischen. Diesen Schokoladeeischnee unter restlichen Schnee heben, Mehl darüber sieben. Mit dem Schneebesen vorsichtig vermischen, bis eine gleichmäßig braune Masse entsteht. Diese in die Form füllen, glatt streichen, 1 Stunde 15 Minuten backen. Nach Ende der Backzeit kurz im offenen Rohr stehen lassen, aus der Form lösen, stürzen, das Backpapier abziehen. Dann nochmals stürzen, damit die Torte wieder in der Form liegt, erkalten lassen. Für die Glasur Schokolade kleinwürfelig schneiden, mit Obers und Zucker gut vermengen, bei geringer Hitze, unter ständigem Rühren Schokolade vollständig auflösen, ohne Rühren 5 Minuten schwach kochen. Ei in einer Tasse verquirlen, 3 EL von der Schokolade unterrühren, unter kräftigem Rühren zur Glasur in den Topf gießen, 3 Minuten kochen bis die Glasur dickflüssig ist. Vom Herd nehmen und Vanillezucker einrühren. Erkaltete Torte in der Mitte durchschneiden, mit Marillenmarmelade füllen, wieder zusammensetzen. Handwarme Glasur auf die Mitte der Torte gießen, durch Schwenken über die Oberfläche verteilen, Ränder mit dem Messer glatt streichen. Tropft die Glasur nicht mehr, Torte auf eine Platte setzen, 3 Stunden im Kühlschrank kühlen. Eine halbe Stunde vor dem Servieren aus dem Kühlschrank nehmen.

Kuchen und Torten

Sandkuchen

3 Eidotter
4 Eier
140 g Staubzucker
1/2 Pkg. Vanillezucker
90 g Maizena
120 g Mehl
125 g Butter
abgeriebene Schale einer 1/2 Zitrone
1 Prise Salz
Butter und Mandelblättchen für die Form

Zubereitungszeit: 1 Stunde 30 Minuten

Backrohr auf 190 °C vorheizen, eine Kastenform mit Butter bestreichen und mit Mandelblättchen bestreuen. Mehl mit Maizena versieben, Eidotter, Eier, Zucker, Zitronenschale, Vanillezucker und Salz über Wasserdampf cremig schlagen. Vom Dampf nehmen und die Masse so lange rühren bis sie abgekühlt ist. In einer Pfanne die Butter schmelzen, die Mehlmischung unter die Masse heben und dann die nicht mehr heiße Butter unterrühren. Den Teig in die Form füllen, glatt streichen und 45 Minuten im Rohr backen. Nach dem Ende der Backzeit Kuchen im offenen, abgeschalteten Rohr noch 5 Minuten rasten lassen und dann erst stürzen.

> **TIPP:** *Die Sandmasse muss so gut gerührt werden, dass sie ganz hell wird. Grundsätzlich wird kein Backpulver verwendet, das Auflocker-ungsmittel ist die eingerührte Luft.*

Schneekuchen

8 Eiklar
240 g Staubzucker
140 g Mehl
80 g geriebene Schokolade
80 g geriebene Haselnüsse
120 g Butter
Butter und Mehl für die Form

Zubereitungszeit: 50 Minuten

Das Backrohr auf 180 °C vorheizen, eine Kastenform mit Butter bestreichen und mit Mehl bestreuen. Eiklar zu sehr steifem Schnee schlagen, in einer Pfanne die Butter zerlassen. Staubzucker in den Schnee einschlagen. Mehl mit den Haselnüssen und Schokolade gut vermengen, abwechselnd mit der lauwarmen Butter unter den Schnee heben. Die Masse in die Form füllen und 30 Minuten backen.

Schokolademousse-Torte

150 g Schokolade
6 Eier
150 g Butter
150 g Staubzucker
Butter und Mehl für die Form

Zubereitungszeit: 50 Minuten
(ohne Kühlzeit)

Backrohr auf 180 °C vorheizen, eine Springform mit Butter bestreichen und mit Mehl bestreuen. Schokolade kleinwürfelig schneiden, Eier trennen. Butter und Schokolade im Wasserbad schmelzen, vom Dampf nehmen, unter ständigem Rühren auskühlen lassen. Eidotter nach und nach untermengen, zuletzt den Staubzucker unterrühren. Eiklar zu steifem Schnee schlagen, unter die Schokoladeschaummasse heben. Die Hälfte der Masse in die Tortenform füllen, glatt streichen und 35 Minuten backen. Nach Ende der Backzeit die Torte aus dem Rohr nehmen, überkühlen lassen. Dann die restliche Schaummasse darauf streichen und im Kühlschrank eine Stunde kühlen lassen.

Schokoladekuchen mit Nüssen

200 g Butter
200 g Staubzucker
100 g Mehl
200 g geriebene Walnüsse
200 g geriebene Kochschokolade
2 KL Backpulver
5 Eier
1 Pkg. Vanillezucker
Saft und abgeriebene Schale einer Orange
1 Prise Salz
150 g Kochschokolade
90 g Butter

Zubereitungszeit: 40 Minuten

Backrohr auf 175 °C vorheizen, ein Backblech mit Backpapier belegen. Mehl mit Backpulver versieben. Butter mit Zucker und Vanillezucker schaumig rühren, nach und nach die ganzen Eier unterrühren. Mehlmischung, Walnüsse, Schokolade, Saft und Schale der Orange unter den Teig mischen, Masse auf das Backblech streichen und 20 Minuten im Rohr backen. Schokolade im Wasserbad schmelzen, Butter dazugeben und glatt verrühren. Nach dem Ende der Backzeit Kuchen sofort aus dem Rohr nehmen, auf ein Backpapier stürzen, gebrauchtes Papier abziehen. Noch heiß mit der Schokoladeglasur überziehen.

> **TIPP:** *Damit das Backpapier beim Aufstreichen des Teiges nicht verrutscht, fixieren Sie es. In jede Ecke des Backblechs setzen Sie einen kleinen Teigtupfer, legen das Papier auf und drücken es fest.*

Kuchen und Torten

Schokoladebiskuittorte

6 Eier
150 g Staubzucker
100 g Mehl
50 g Kakao
80 g gemahlene Mandeln
80 g flüssige Butter
1 MS Zimt
130 g Butter
150 g Staubzucker
100 g Kakao
1 Ei
2 EL Rum

Zubereitungszeit: 1 Stunde 30 Minuten

Backrohr auf 180 °C vorheizen, eine Springform mit Backpapier auslegen. Eier trennen, Mehl mit Kakao versieben und mit Mandeln und Zimt gut vermischen. Eiklar zu steifem Schnee schlagen, Zucker unter ständigem Schlagen löffelweise beifügen, Eidotter einzeln locker unterziehen. Mehlmischung vorsichtig unter die Masse heben, in die Form füllen, glatt streichen und im Rohr 1 Stunde backen. Nach dem Ende der Backzeit Torte aus dem Rohr nehmen, stürzen und auskühlen lassen. Für die Creme Kakao sieben, mit Butter, Zucker und dem Ei schaumig rühren, mit dem Rum abschmecken. Torte in der Mitte durchschneiden, mit einem Teil der Creme füllen, wieder zusammensetzen und mit der restlichen Creme Seitenränder und Oberseite bestreichen.

Schokoladetorte mit Kastaniencreme

120 g Butter
120 g Schokolade
180 g Staubzucker
250 g Mehl
4 Eier
1/2 Pkg. Backpulver
1/8 l Milch
400 g Kastanienreis
100 g Butter
1/8 l Schlagobers
1 Pkg. Vanillezucker
180 g Staubzucker
2 EL Rum
Butter und Mehl für die Form

Zubereitungszeit: 1 Stunde 30 Minuten

Das Backrohr auf 180 °C vorheizen, eine Spring-form mit Butter bestreichen und mit Mehl bestreuen. Schokolade im Wasserbad erweichen, vom Dampf nehmen und unter ständigem Rühren überkühlen lassen, Eier trennen. Butter flaumig rühren, Schokolade dazugeben und gut verrühren. Eidotter nach und nach unterrühren, mit Zucker und der Hälfte des Mehles die Masse gut abrühren. Restliches Mehl abwechselnd mit Milch einrühren. Eiklar zu steifem Schnee schlagen, vorsichtig unter den Teig heben, in die Form füllen, glatt streichen und im Rohr 1 Stunde backen. Am Ende der Backzeit die Torte aus dem Rohr nehmen, stürzen und auskühlen lassen. Für die Creme Schlagobers mit Vanillezucker steif schlagen, Kastanienreis, Butter und Staubzucker gut verrühren, Schlagobers unterheben und mit dem Rum

Kuchen und Torten

abschmecken. Torte in der Mitte durchschneiden, mit einem Teil der Creme füllen, wieder zusammensetzen, mit der restlichen Creme die Seitenränder und die Oberseite bestreichen.

> **TIPP**: *Teigmassen mit Schnee immer sofort backen und nicht stehen lassen, das Gleiche gilt für Teige mit Backpulver, die Torte wird sonst speckig.*

Schwarzwälder Kirschtorte

120 g Schokolade
120 g Butter
120 g Mehl
90 g Zucker
90 g Staubzucker
6 Eier
1 EL Vanillezucker
1 Prise Salz
1/8 l Kirschkompottsaft
300 g entkernte Kompottkirschen
20 g Vanillepuddingpulver
150 g Kochschokolade
3/16 l Schlagobers
1/4 l Schlagobers
3 Blatt Gelatine
30 g Staubzucker
1 EL Kirschwasser
1/4 l Schlagobers
14 Cocktailkirschen
Kirschmarmelade zum Bestreichen
Schokospäne zum Bestreuen
Butter und Mehl für die Form

Zubereitungszeit: 2 Stunden

Backrohr auf 180 °C vorheizen, Springform mit Butter bestreichen und mit Mehl bestreuen. Schokolade im Wasserbad schmelzen, unter ständigem Rühren abkühlen. Eier trennen, Staubzucker und Butter schaumig rühren, die Schokolade unterrühren. Eidotter nach und nach einrühren. Eiklar mit Vanillezucker, Zucker und Salz zu festem Schnee schlagen, abwechselnd mit Mehl unter den Abtrieb heben. Masse in die Form füllen, glatt streichen im Rohr 40 Minuten backen. Nach Ende der Backzeit die Torte aus dem Rohr nehmen, mit einem Messer vom Rand lösen und stürzen. Form aber nicht abheben, auskühlen lassen. Für die Pariser Creme Schokolade grob hacken, Schlagobers aufkochen, Schokolade einrühren, bei geringer Hitze 2 Minuten kochen, kalt stellen. Für die Kirschmasse 1/3 des Kompottsaftes mit Puddingpulver glatt verrühren. Restlichen Saft aufkochen, Puddingmischung einrühren und dick einkochen, Kirschen dazugeben und erkalten lassen. Für die Oberscreme Gelatine in kaltem Wasser einweichen, Schlagobers steif schlagen. Zucker, Kirschwasser und 2 EL Schlagobers gut verrühren, ausgedrückte Gelatine über Wasserdampf schmelzen, rasch in diese Masse einrühren, alles unter das geschlagene Obers rühren. Erkaltete Torte zweimal quer in gleichen Abständen durchschneiden. Tortenboden in eine Springform legen, Pariser Creme in einen Dressiersack, mit einer glatten Tülle, füllen. Creme in drei Ringe spritzen. Zwischenräume mit der Kirschmasse füllen, zweite Tortenscheibe darauf setzen, etwas andrücken. Mit Kirschmarmelade bestreichen, Oberscreme einfüllen, glatt streichen. Dritten Boden auflegen, behutsam andrücken, mit Alufolie abdecken, 3 Stunden kalt stellen. Schlagobers steif schlagen. Springform öffnen und abheben. Mit Schlagobers zuerst die Seite und dann die Oberseite gut einstreichen, mit Schokospänen bestreuen und auf der Oberseite mit Cocktailkirschen garnieren.

Stachelbeerkuchen mit Ribiseln

5 Eier
250 g Butter
280 g Staubzucker
450 g Mehl
1/2 Pkg. Backpulver
1 Pkg. Vanillezucker
1/8 l Milch
abgeriebene Schale einer
1/2 Zitrone
1 Prise Salz
1 kg Stachelbeeren
200 g Ribisel
1/4 l Wasser
4 EL Zucker
1 Pkg. Tortengelee

Zubereitungszeit: 1 Stunde 30 Minuten (ohne Kühlzeit)

Backrohr auf 170 °C vorheizen, ein Backblech mit Backpapier belegen. Das Mehl mit dem Backpulver versieben, die Stachelbeeren putzen, waschen, abtrocknen, die Eier verquirlen. Die Butter mit Vanillezucker, Staubzucker, Salz und Zitronenschale cremig rühren, die Eier langsam dazugeben, alles gut verrühren. Milch und Mehlmischung abwechselnd unter den Teig rühren. Masse auf das Backblech streichen, Stachelbeeren gleichmäßig darauf verteilen, Kuchen im Rohr 50 Minuten backen. Nach dem Ende der Backzeit Kuchen aus dem Rohr nehmen und 30 Minuten abkühlen lassen. Inzwischen die Ribisel waschen, abtropfen lassen und abrebeln, Tortengelee mit dem Zucker vermischen, in das Wasser einrühren, aufkochen, unter ständigem Rühren 1 Minute kochen, dann 10 Minuten abkühlen lassen. Ribisel auf dem Kuchen verteilen und den Kuchen mit Tortengelee bestreichen.

> **TIPP:** *Beim Einrühren von ganzen Eiern kann die Masse ausflocken, mit 1 EL Mehl kann die Bindung wieder hergestellt werden.*

Kuchen und Torten

Stephanieroulade

8 Eier
140 g Staubzucker
70 g geriebene Mandeln
70 g Mehl
1 MS Zimt
1/4 l Schlagobers
70 g grob geriebene Schokolade
200 g Staubzucker
2 EL Rum
1 EL heißes Wasser

Zubereitungszeit: 45 Minuten

Backrohr auf 220 °C vorheizen, ein Backblech mit Backpapier belegen. Mehl mit den Mandeln und Zimt gut vermischen, die Eier trennen. Zucker und Eidotter schaumig rühren, das Eiklar zu steifem Schnee schlagen. Abwechselnd mit der Mehlmischung unter die Masse heben. Teig auf das Backblech 2 cm dick aufstreichen, im Rohr 7 Minuten backen. Auf ein gezuckertes Küchentuch stürzen, Backpapier abziehen und ein neues Papier auflegen, mit Hilfe des Tuches einrollen und auskühlen lassen. Für die Fülle das Schlagobers steif schlagen und mit der geriebenen Schokolade vermengen. Für die Glasur gesiebten Staubzucker mit Rum und heißem Wasser 10 Minuten rühren. Das Backrohr auf 90 °C vorheizen, ausgekühlte Roulade aufrollen, mit der Fülle bestreichen, wieder einrollen und mit der Glasur überziehen, einige Minuten zum Trocknen in das Rohr stellen.

> **TIPP:** *Ist die Glasur zu dünn, etwas Staubzucker beifügen, ist sie zu dick, etwas Flüssigkeit zugeben.*

Streuselkuchen mit Marillen

300 g Mehl
2 EL Honig
30 g Germ
1/8 l Milch
50 g Butter
2 Eidotter
1 Prise Salz
600 g Marillen
250 g Mehl
5 EL Honig
200 g Butter
1 MS Zimt
Butter für das Backblech

Zubereitungszeit: 1 Stunde 30 Minuten

Germ mit 1 EL Honig abrühren, 2 KL Mehl und 3 EL Milch beifügen und glatt verrühren, Dampfl bis zur doppelten Höhe aufgehen lassen. In einer Pfanne Butter zergehen lassen, in eine Schüssel gießen mit restlichem Honig, Eidotter und Milch vermengen. Mehl in eine zweite Schüssel geben, salzen, in die Mitte eine Vertiefung drücken, das Dampfl hineinleeren und mit Mehl abdecken, das Milchgemisch beifügen und mit dem Kochlöffel vermengen. Teig so lange abschlagen, bis er sich von der Schüssel und dem Kochlöffel löst. Mit etwas Mehl bestauben, 20 Minuten gehen lassen. Backrohr auf 180 °C vorheizen, Backblech mit Backpapier

Kuchen und Torten

belegen. Marillen waschen, halbieren, entkernen und abtrocknen. Für den Streusel Mehl und Butter in einer Schüssel abbröseln, Zimt und Honig dazugeben, gut vermengen, nochmals abbröseln und kalt stellen. Auf bemehlter Arbeitsfläche den Teig 4 mm dick ausrollen, auf das Backblech legen und dicht mit den vorbereiteten Marillen belegen, Streusel darauf streuen und im Rohr 35 Minuten backen. Nach dem Ende der Backzeit aus dem Rohr nehmen, auskühlen lassen und vor dem Servieren portionieren.

> **Tipp**: *Nur frische Germ verwenden, alle Zutaten außer den Eiern sollten lauwarm sein.*

Topfenkuchen

150 g Topfen
150 g Butter
150 g Staubzucker
5 Eier
150 g geriebene Mandeln
abgeriebene Schale einer
1/4 Zitrone
Butter und Mehl für die Form
Staubzucker zum Bestreuen

Zubereitungszeit: 1 Stunde 10 Minuten

Backrohr auf 170 °C vorheizen, Kastenform mit Butter bestreichen, mit Mehl bestreuen. Eier trennen, Butter cremig rühren, nach und nach 2/3 des Zuckers unterrühren, Eidotter, Topfen, Mandeln, Zitronenschale einrühren. Eiklar mit restlichem Zucker zu steifem Schnee schlagen, vorsichtig unter den Teig heben. Masse in die Form füllen und 50 Minuten backen. Nach Ende der Backzeit aus dem Rohr nehmen, kurz überkühlen, stürzen und auskühlen lassen. Vor dem Servieren mit Staubzucker bestreuen.

Vanillekuchen

6 Eier
150 g Staubzucker
150 g Rohmarzipan
2 Vanilleschoten
abgeriebene Schale einer Zitrone
200 g Kochschokolade
50 g Mandelsplitter
80 g Mehl
70 g Maizena
9 EL Marsalawein
1 Prise Salz
2 Eiklar
130 g Staubzucker
1 TL Zitronensaft
200 g gehackte Walnüsse
Marillenmarmelade zum Bestreichen
Butter und Mehl für die Form

Zubereitungszeit: 1 Stunde 15 Minuten

Backrohr auf 170 °C vorheizen, Kranzkuchenform mit Butter bestreichen und mit Mehl bestauben. Kochschokolade grob hacken, Mehl mit Maizena versieben, Rohmarzipan kleinwürfelig schneiden, Eier trennen. Eidotter mit 2/3 des Staubzuckers, Mark von 1 1/2 Vanilleschoten, Rohmarzipan, Salz, Zitronenschale und 1 EL Wasser schaumig rühren. Schokolade mit Mandeln vermengen und mit Marsala-Wein beträufeln, mit der Mehlmischung gut vermengen. Eiklar mit restlichem Staubzucker zu steifem Schnee schlagen, abwechselnd mit der Schokolade-Mandel-Mischung unter die Eidottermasse heben. Masse in die Form füllen, glatt streichen und im Rohr 45 Minuten backen. Nach dem Ende der Backzeit Kuchen aus dem Rohr nehmen, stürzen, kurz überkühlen lassen. Mit der Marillenmarmelade bestreichen. Für die Glasur Eiklar mit dem gesiebten Staubzucker zu steifem Schnee schlagen, Zitronensaft und das restliche Mark der Vanilleschoten unterziehen. Kuchen mit der Glasur einstreichen und mit den gehackten Walnüssen bestreuen.

Wachauer Torte

140 g Mandeln
140 g Schokolade
7 Eier
140 g Staubzucker
140 g Butter
2 Eier
2 Schokoladerippen
100 g Marillenmarmelade
140 g Staubzucker
50 g Mandelsplitter
Butter und Mehl für die Form

Zubereitungszeit: 1 Stunde 15 Minuten

Das Backrohr auf 180 °C vorheizen, eine Tortenform mit Butter bestreichen und mit Mehl bestreuen. Die Mandeln reiben, Schokolade im Wasserbad erweichen, lauwarm rühren, die Eier trennen. Eidotter mit 140 g Staubzucker und der Schokolade schaumig rühren. Eiklar zu steifem Schnee schlagen, abwechselnd mit den Mandeln unter die Masse heben. Teig in die Form füllen, glatt streichen und 45 Minuten im Rohr backen. Nach dem Ende der Backzeit Kuchen aus dem Rohr nehmen, stürzen und auskühlen lassen. In dieser Zeit die Creme zubereiten, Schokoladerippen klein schneiden, im Wasserbad erweichen, anschließend lauwarm rühren. Butter cremig rühren, abwechselnd Eier, Schokolade und Zucker einrühren. Die Torte dünn mit der Creme bestreichen, restliche Creme in einen Dressiersack füllen und auf die Torte ein Gitter spritzen, die Marillenmarmelade in die Zwischenräume spritzen. Die Seitenränder mit gehobelten Mandeln belegen.

> **TIPP**: *Beim Befüllen des Dressiersackes sollten Sie darauf achten, dass er nicht zu voll gemacht wird. Es soll noch so viel Platz bleiben, dass Sie ihn oben eindrehen können.*

Weichseltorte

6 Eier
150 g Butter
200 g Mehl
1 TL Backpulver
450 g Staubzucker
50 g Mandelblättchen
1/2 l Weichselkompott
1/2 l Schlagobers
1 Pkg. Tortengelee
Mandelblättchen zum Bestreuen
Butter und Mehl für die Formen

Zubereitungszeit: 2 Stunden 30 Minuten

Backrohr auf 180 °C vorheizen, 2 Springformen mit Butter bestreichen, mit Mehl bestreuen. Mehl mit Backpulver versieben, Eier trennen. Butter mit 300 g Staubzucker cremig rühren, Eidotter einzeln nach und nach untermischen, die Mehlmischung vorsichtig unterziehen. In jede Springform die Hälfte der Masse füllen und glatt streichen. Eiklar mit dem restlichen Staubzucker zu cremigem Schnee schlagen. Schnee halbieren und auf jede Teigmasse streichen, mit den Mandelblättchen bestreuen und im Rohr 30 Minuten backen. Nach Ende der Backzeit die Torten aus dem Rohr nehmen, auskühlen lassen, eine Torte aus der Form lösen, anschließend diese Form reinigen. Das Weichselkompott abseihen, Tortengelee mit 1/4 l Kompottsaft glatt rühren, Weichseln einlegen und 1 Minute aufkochen, in die leere Springform füllen und 1 Stunde kalt stellen. Schlagobers steif schlagen, ein Viertel davon auf die Torte, die noch in der Form ist, streichen. Weichselmasse vorsichtig aus der Springform lösen, auf das Obers setzen, wieder mit Obers bestreichen, die zweite Torte darauf setzen und vorsichtig andrükken. Springform öffnen und die ganze Torte vorsichtig lösen, mit restlichem Schlagobers bestreichen, mit Mandelblättchen bestreuen.

Weincremerouladen

100 g Staubzucker
5 Eier
80 g Mehl
abgeriebene Schale einer
1/2 Zitrone
1 Pkg. Vanillezucker
2 Eidotter
1 Ei
200 g Staubzucker
1/16 l Weißwein
250 g Butter
1 Prise Salz
Staubzucker zum Bestreuen

Zubereitungszeit: 1 Stunde 30 Minuten

Das Backrohr auf 200 °C vorheizen, ein Backblech mit Backpapier belegen. Eier mit 100 g Staubzucker, Zitronenschale, Vanillezucker und Salz im Wasserbad cremig schlagen, wenn die Masse deutlich an Volumen zugenommen hat, vom Dampf nehmen und so lange weiterschlagen, bis sie ausgekühlt ist. Das Mehl darüber sieben und vorsichtig unterheben. Die Masse auf das Backblech streichen und im Rohr 12 Minuten backen. Nach dem Ende der Backzeit ein Küchentuch mit Zucker bestreuen, das Biskuit darauf stürzen, Backpapier abziehen, ein zweites Papier auf das Biskuit legen und mit Hilfe des Tuches einrollen, auskühlen lassen. In dieser Zeit die Creme zubereiten, die Butter cremig rühren, Ei, Eidotter, Staubzucker und Wein gut verrühren, im Wasserbad cremig schlagen. Vom Dampf nehmen und so lange weiterschlagen, bis die Creme abgekühlt ist, dann die Butter unterrühren. Das Biskuit aufrollen, längs halbieren, Creme auf die Kuchenstücke streichen, in der Mitte sollte die Creme dicker aufgestrichen werden. Biskuit kalt stellen, bis die Creme fest ist. Dann die Rouladen einrollen, mit Backpapier umwickeln und mit der Verschlussseite nach unten auf einen Teller legen und 1 Stunde kalt stellen. Vor dem Anrichten die Rouladen mit Staubzucker bestreuen und in Scheiben schneiden.

Weingugelhupf

170 g Staubzucker
160 g Semmelbrösel
4 Eier
1 Pkg. Vanillezucker
Saft und abgeriebene Schale einer 1/2 Zitrone
1/8 l Orangensaft
3/4 l Weißwein
100 g Zucker
1 Zimtstange
2 Gewürznelken
1 MS Zimt
1 Prise Nelkenpulver
Butter und Semmelbrösel für die Form

Zubereitungszeit: 1 Stunde 30 Minuten

Das Backrohr auf 170 °C vorheizen, eine Gugel-hupfform mit Butter bestreichen und mit Semmelbröseln bestreuen. Semmelbrösel mit Zimt und Nelkenpulver gut vermischen, die Eier trennen. Eidotter mit Vanillezucker, 80 g Zucker und Zitronenschale cremig schlagen. Eiklar mit dem restlichen Zucker zu steifem Schnee schlagen. Ein Drittel des Schnees in die Dottermasse einrühren, restlichen Schnee abwechselnd mit der Bröselmischung vorsichtig unterheben. Die Masse in die Form füllen, glatt streichen und im Rohr 35 Minuten backen. Nach dem Ende der Backzeit Gugelhupf aus dem Rohr nehmen, kurz rasten lassen dann stürzen. Wein mit Zitronensaft, Orangensaft, Zucker, Zimtstange und Gewürznelken aufkochen lassen, damit dann den Gugelhupf langsam übergießen, kurz ziehen lassen.

> **TIPP**: *Wenn Kinder diesen Gugelhupf essen, verwenden Sie statt des Weines Traubensaft, in diesem Fall lassen Sie den Zucker weg.*

Weintraubenkuchen

300 g grüne Weintrauben
300 g blaue Weintrauben
150 g Butter
180 g Staubzucker
200 g Mehl
1 Eidotter
3 Eier
1 TL Vanillezucker
1 TL Backpulver
1 EL Rum
Butter und Mehl für das Backblech
Staubzucker zum Bestreuen

Zubereitungszeit: 1 Stunde 20 Minuten

Das Backrohr auf 180 °C vorheizen, ein Backblech mit Butter bestreichen und mit Mehl bestreuen. Weintrauben waschen, gut abtropfen lassen, abrebeln und trockentupfen. Das Mehl mit dem Backpulver versieben. Butter mit dem Staubzucker schaumig rühren, die ganzen Eier einzeln einrühren, dann das Eidotter untermischen, Rum und Vanillezucker beifügen, alles gut verrühren. Zuletzt die Mehlmischung unterheben. Die Masse auf das Backblech streichen und mit den Weintrauben belegen, im Rohr 45 Minuten backen. Nach dem Ende der Backzeit Kuchen aus dem Rohr nehmen, erkalten lassen. Vor dem Servieren mit Staubzucker bestreuen und portionieren.

Kuchen und Torten

Windtorte

4 Eiklar
220 g Feinkristallzucker
1 TL Essig
1 EL Maizena
Früchte zum Belegen
Schlagobers zum Garnieren

Zubereitungszeit: 1 Stunde

Das Backrohr auf 100 °C vorheizen, Eiklar zu steifem Schnee schlagen, zwei Drittel des Zuckers löffelweise nach und nach einschlagen. Den restlichen Zucker unterheben, dann Essig und Maizena vorsichtig unterrühren. Windmasse auf einen hitzebeständigen Tortenteller streichen und 45 Minuten im Rohr trocknen. Nach dem Ende der Trockenzeit Torte aus dem Rohr nehmen, Windmasse auskühlen lassen. Vor dem Servieren mit Früchten belegen und mit Schlagobers garnieren.

> **TIPP:** *Damit die Windmasse gelingt, muss das Geschirr sauber und fettfrei sein. Der Schnee muss so steif sein, dass er sich ballt und schnittfest ist.*

Zimtkuchen

250 g Staubzucker
250 g Butter
250 g Mehl
4 Eier
120 g geriebene Haselnüsse
1 TL Backpulver
1 TL Zimt
1/8 l Milch
Butter und Mehl für die Form
Staubzucker zum Bestreuen

Zubereitungszeit: 1 Stunde

Das Backrohr auf 180 °C vorheizen, eine Kastenform mit Butter bestreichen und mit Mehl bestreuen. Mehl mit Backpulver versieben, dann mit Nüssen und Zimt gut vermischen, die Eier trennen. Butter mit Staubzucker cremig rühren, Eidotter nach und nach unterrühren. Eiklar zu steifem Schnee schlagen, abwechselnd mit der Mehlmischung und der Milch unter den Abtrieb heben. Die Masse in die Form füllen und im Rohr 40 Minuten backen. Nach dem Ende der Backzeit aus dem Rohr nehmen, kurz rasten lassen und dann stürzen. Vor dem Servieren mit Staubzucker bestreuen.

Kuchen und Torten

Zitronenkuchen getränkt

250 g Butter
250 g Staubzucker
250 g Mehl
5 Eier
Saft und abgeriebene Schale
von 2 Zitronen
2 TL Backpulver
1 Prise Salz
100 g Staubzucker
Saft von 3 Zitronen
Butter und Mehl für die Form

Zubereitungszeit: 1 Stunde
20 Minuten

Das Backrohr auf 175 °C vorheizen, eine Kastenform mit Butter bestreichen und mit Mehl bestreuen. Mehl mit Backpulver versieben. Butter mit Zucker schaumig rühren, Eier einzeln, nach und nach unterrühren, dann Zitronensaft und Schale beifügen, alles gut vermischen. Zuletzt die Mehlmischung und das Salz unterheben. Masse in die Form füllen, glatt streichen und im Rohr 1 Stunde backen. Nach dem Ende der Backzeit Kuchen aus dem Rohr nehmen, stürzen und etwas auskühlen lassen. Inzwischen den Staubzucker sieben und mit dem Zitronensaft 5 Minuten glatt verrühren. Kuchen mit einer Stricknadel mehrmals einstechen und den Zitronenguss darüber gießen.

Zitronentorte

4 Eier
80 g Mehl
60 g Maizena
120 g Staubzucker
60 g Butter
abgeriebene Schale einer
1/2 Zitrone
1 Prise Salz
300 g Butter
200 g Staubzucker
Saft und abgeriebene Schale
von 2 Zitronen
2 TL Staubzucker
2 Eier
Mandelblättchen zum
Garnieren
Staubzucker zum Bestreuen
Butter und Mehl für die Form

Zubereitungszeit: 2 Stunden

Das Backrohr auf 180 °C vorheizen, eine Springform mit Butter bestreichen und mit Mehl bestreuen. Das Mehl mit Maizena versieben, die 4 Eier trennen. Eidotter mit Zitronenschale, 2 EL Zucker und Salz cremig rühren, Eiklar mit dem restlichen Zucker zu steifem Schnee schlagen, davon ein Drittel in die Eidottermasse einrühren, in einer Pfanne die Butter zergehen lassen, restlichen Schnee, Mehlmischung und die warme Butter unter die Masse heben. Den Teig in die Form füllen und im Rohr 40 Minuten backen. Nach dem Ende der Backzeit Biskuit aus dem Rohr nehmen, mit Zucker bestreuen und auf ein Backpapier stürzen, auskühlen lassen. In dieser Zeit die Creme zubereiten. Die Eier verquirlen, zwei Drittel der Butter mit Zucker und Saft und Schale der 2 Zitronen gut verrühren, aufkochen, Eier in diese Mischung schnell einrühren, unter ständigem Rühren aufkochen lassen, bei geringer Hitze weiterkochen, bis die Masse cremig wird. Durch ein fei-

Kuchen und Torten

nes Sieb streichen und 1 Stunde kalt stellen. Dann die restliche Butter mit 2 TL Staubzucker cremig rühren und mit der Zitronencreme glatt verrühren. Beim erkalteten Biskuit jetzt erst die Springform öffnen und abheben. Die Torte in fünf gleich starke Böden schneiden, mit der Zitronencreme bestreichen und wieder zusammensetzen. Seitenränder und Oberseite mit der Creme bestreichen, Ränder mit Mandelblättchen belegen und die Oberseite mit Staubzucker bestreuen.

> **TIPP:** *Damit Sie gleichmäßige dünne Biskuitböden schneiden können, die Torte nach dem Erkalten 1 Stunde in das Tiefkühlfach legen.*

Zwetschkenschlupfkuchen

120 g Staubzucker
4 Eier
120 g Mehl
120 g Butter
500 g Zwetschken
200 g Staubzucker
2 EL Zitronensaft
1 EL heißes Wasser
Butter und Mehl für die Form

Zubereitungszeit: 1 Stunde 10 Minuten

Das Backrohr auf 180 °C vorheizen, eine Kranzform mit Butter bestreichen und mit Mehl bestreuen. Die Zwetschken waschen, halbieren, entkernen und abtrocknen. Die Eier trennen, in einer Pfanne die Butter schmelzen lassen, dann beiseite stellen. Eidotter und Zucker schaumig rühren, nacheinander das Mehl und die geschmolzene Butter unterrühren. Das Eiklar schnittfest schlagen und vorsichtig unter die Masse heben. Den Teig in die Form füllen und mit den Zwetschken belegen, im Rohr 45 Minuten backen. Nach dem Ende der Backzeit Kuchen aus dem Rohr nehmen, kurz überkühlen lassen und stürzen. Für den Zuckerguss gesiebten Staubzucker mit Zitronesaft und Wasser 10 Minuten rühren. Zwetschkenkuchen mit dem Zuckerguss glasieren.

> **TIPP:** *Für diesen Kuchen eignen sich auch andere Früchte, wie Äpfel oder Birnen in Scheiben geschnitten, oder Kirschen, Bananen. Nicht geeignet sind Zitrusfrüchte.*

Erdbeer-Topfen-Creme
(siehe Rezept Seite 103)

Foto: Foto Liesl Biber

Fruchtsalat
(siehe Rezept Seite 104)

Foto: Foto Liesl Biber

Kastaniencremeterrine
(siehe Rezept Seite 106)

Foto: Foto Liesl Biber

Schokomousse
(siehe Rezept Seite 116)

Foto: Foto Liesl Biber

Kalte Desserts

Apfelmus

1 kg Äpfel
100 g Zucker
1 Zimtrinde
4 Gewürznelken
abgeriebene Schale einer Zitrone

Zubereitungszeit: 30 Minuten

Die Äpfel waschen, vierteln und das Kerngehäuse entfernen. Mit wenig Wasser, Zucker, Zimtrinde, Gewürznelken und Zitronenschale weich kochen. Gewürze herausnehmen und die weichen Äpfel passieren.

> **Tipp:** *Wollen Sie ein weißes Apfelmus, müssen die Äpfel vorher geschält werden.*

Apfelschaumcreme

500 g Äpfel
200 g Zucker
1/4 l Weißwein
4 Eiklar
Saft und abgeriebene Schale einer Zitrone
3 Blatt Gelatine
1/4 l Schlagobers

Zubereitungszeit: 1 Stunde (ohne Kühlzeit)

Äpfel waschen, achteln und das Kerngehäuse entfernen, mit Weißwein und Zucker weich kochen. Äpfel passieren und auskühlen lassen. Eiklar zu festem Schnee schlagen, Schlagobers steif schlagen. Die Gelatine in kaltem Wasser einweichen, gut ausgedrückt über Wasserdampf schmelzen lassen. Gelatine, Zitronensaft und Schale unter das abgekühlte Apfelmus rühren. Eischnee mit dem Schneebesen vorsichtig unterheben, das Schlagobers löffelweise unterziehen. Apfelschaumcreme in Portionsschalen oder in eine Schüssel füllen und 4 Stunden im Kühlschrank fest werden lassen.

> **Tipp:** *Sie können die Apfelschaumcreme bereits am Vortag zubereiten, gut gekühlt ist sie 2 Tage haltbar.*

Kalte Desserts

Beeren mit gewürztem Schlagobers

250 g Brombeeren
250 g Himbeeren
250 g Ribisel
3/8 l Schlagobers
30 g Zucker
2 EL Himbeergeist
2 EL Orangenlikör
2 EL Ribisellikör

Zubereitungszeit: 20 Minuten

Die Beeren waschen, abtropfen lassen, abtrocknen, Ribisel abrebeln. Beeren in einer Schüssel anrichten. Das Schlagobers mit dem Zucker halb steif schlagen und dritteln. Ein Drittel mit Himbeergeist, ein Drittel mit Orangenlikör und das letzte Drittel mit Ribisellikör verrühren, gewürztes Schlagobers extra in kleinen Schalen servieren.

Beerenmix mit Vanilleeis

100 g Erdbeeren
100 g Himbeeren
100 g Brombeeren
100 g Heidelbeeren
1 Becher Sauerrahm
1 EL Zucker
2 EL Zitronensaft
1/4 l Schlagobers
200 ml Vanilleeis

Zubereitungszeit: 30 Minuten

Die Beeren vorsichtig waschen, abtropfen lassen und abtrocknen. Die Erdbeeren entstielen, Himbeeren, Brombeeren und Heidelbeeren verlesen. 100 g der Beeren für die Garnierung reservieren, die restlichen Beeren mit Sauerrahm, Zitronesaft und Zucker verquirlen, 10 Minuten in den Kühlschrank stellen. Inzwischen das Schlagobers steif schlagen und unter das Beerenmix ziehen. In eine Glasschüssel die Hälfte der Creme einfüllen, dann Vanilleeiskugeln darauf verteilen, mit der restlichen Creme bedecken. Mit den reservierten Beeren garnieren und sofort servieren.

Kalte Desserts

Beerenterrine mit Himbeersauce

100 g Walderdbeeren
100 g Heidelbeeren
100 g Brombeeren
100 g Ribisel
100 g Himbeeren
1/2 l Buttermilch
4 EL Zucker
3 EL Orangensaft
7 Blatt Gelatine
1/4 l Schlagobers
400 g Himbeeren
4 EL Staubzucker
1 TL Zitronensaft

Zubereitungszeit: 45 Minuten (ohne Kühlzeit)

Eine Kastenform mit Frischhaltefolie auslegen, Beeren, außer den Himbeeren für die Sauce, waschen, abtropfen und abtrocknen. Ribiseln abrebeln, alle anderen Beeren verlesen. Gelatine in kaltem Wasser einweichen, Buttermilch mit Zucker und Orangensaft gut verrühren. Gelatine gut ausdrücken, über Wasserdampf auflösen lassen. 3 EL Buttermilch mit Gelatine verrühren, sofort unter die restliche Buttermilch mischen. Schüssel mit der Buttermilch in den Kühlschrank zum Festwerden stellen. Schlagobers steif schlagen, wenn die Buttermilchmasse zu gelieren anfängt, Schlagobers vorsichtig unterziehen, Beeren dazugeben, behutsam vermischen, in die Kastenform füllen, glatt streichen und mindestens 4 Stunden in den Kühlschrank stellen. Für die Himbeersauce, Himbeeren waschen, abtropfen lassen und abtrocknen, mit Staubzucker und Zitronensaft im Mixer pürieren. Anschließend durch ein Sieb streichen. Nach dem Ende der Kühlzeit die Terrine auf einen Teller stürzen, Frischhaltefolie abziehen und Terrine in Scheiben schneiden, mit der vorbereiteten Himbeersauce servieren.

Biskuittascherln mit Erdbeerschaum

80 g Staubzucker
1 Pkg. Vanillezucker
80 g Mehl
4 Eier
geriebene Schale einer 1/4 Zitrone
1/2 l Schlagobers
150 g Erdbeerpüree
80 g Staubzucker
2 Pkg. Vanillezucker
2 Pkg. Sahnesteif
Saft einer 1/2 Zitrone
Staubzucker zum Bestreuen

Zubereitungszeit: 1 Stunde 15 Minuten

Das Backrohr auf 180 °C vorheizen, ein Backblech mit Backpapier belegen. Das Mehl versieben und die Eier trennen. Eidotter mit 30 g Zucker, Zitronenschale und Vanillezucker cremig rühren. Eiklar mit dem restlichen Zucker zu steifem Schnee schlagen. Davon ungefähr ein Viertel unter die Eidottermasse rühren, restlichen Schnee mit dem gesiebten Mehl abwechselnd unterheben. Die Biskuitmasse mit einem Dressiersack, in Spiralen auf das Backblech spritzen, so dass ein Kreis entsteht, im Rohr 10 Minuten backen. Nach dem Ende der Backzeit aus dem Rohr nehmen, mit Zucker bestreuen

Kalte Desserts

und auf ein Backpapier stürzen, gebrauchtes Papier abziehen. Das warme Biskuit vorsichtig mit Hilfe eines Kochlöffels quer eindrücken und zusammenklappen, auskühlen lassen. In dieser Zeit wird die Creme zubereitet. Erdbeerpüree mit Zitronensaft, Zucker, Vanillezucker und Sahnesteif gut vermengen. Schlagobers steif schlagen und unter das Püree heben. Die Creme in einen Dressiersack geben und die erkalteten Erdbeertascherln damit füllen. Vor dem Servieren mit Staubzucker bestreuen.

> **TIPP**: *Beim Befüllen des Dressiersackes achten Sie darauf, dass dieser nicht zu voll gemacht wird. Es soll noch so viel Platz bleiben, dass er oben ordentlich eingedreht werden kann. Das Backpapier lässt sich leichter vom Biskuit lösen, wenn Sie vorher ein feuchtes Tuch kurz auf das Papier legen.*

Brombeercreme mit Rotwein

250 g Brombeeren
1 MS Zimt
50 g Staubzucker
1/4 l Rotwein
2 Eiklar
2 Blatt Gelatine
1/8 l Schlagobers

Zubereitungszeit: 1 Stunde

Gelatine in kaltem Wasser einweichen, die Brombeeren mit Zucker, Zimt und Rotwein aufkochen, ein paar Minuten bei geringer Hitze kochen lassen. Gelee gut ausdrücken, unter die Brombeeren rühren und auflösen, kalt stellen. Eiklar zu steifem Schnee schlagen, beginnt die Masse zu gelieren, den Eischnee vorsichtig unterheben. Die Creme in eine Schüssel füllen und im Kühlschrank fest werden lassen. Vor dem Servieren das Schlagobers steif schlagen und die Creme damit garnieren.

Kalte Desserts

Diplomatencreme mit Beerenröster

100 g Zucker
1 Pkg. Vanillezucker
1/2 l Milch
40 g Vanillepuddingpulver
2 Eidotter
1 EL Staubzucker
1/4 l Schlagobers
1 TL Butter
100 g Himbeeren
50 g Brombeeren
50 g Heidelbeeren
1/4 l Rotwein
1 TL Maizena
1 Pkg. Vanillezucker
1 EL Zucker

Zubereitungszeit: 45 Minuten
(ohne Kühlzeit)

Ungefähr 1/3 der Milch mit Eidottern und Puddingpulver glatt verrühren. Die restliche Milch mit Butter, Vanillezucker und Zucker aufkochen lassen, die Eidottermischung einrühren und bei geringer Hitze 1/2 Minute kochen lassen. Creme in eine Schüssel gießen, mit 1 EL Staubzucker bestreuen und überkühlen lassen. Inzwischen das Schlagobers steif schlagen, vorsichtig unter die Creme heben und 3 Stunden im Kühlschrank kühl stellen. Für den Beerenröster die Beeren waschen, gut abtropfen lassen, verlesen und abtrocknen. 1 Esslöffel vom Rotwein gut mit der Maizena verrühren, den restlichen Wein mit Vanillezucker und Zucker aufkochen lassen, Maizena einrühren und alles bei geringer Hitze kurz kochen lassen. Beeren in eine Schüssel legen, mit der Sauce begießen und auskühlen lassen. Diplomatencreme mit dem Beerenröster servieren.

Eiercreme

1/4 l Milch
4 Blatt Gelatine
1 Vanilleschote
120 g Staubzucker
4 Eidotter
1/4 l Schlagobers
1 Prise Salz
4 EL Schokoladestreusel

Zubereitungszeit: 30 Minuten
(ohne Kühlzeit)

Gelatine in kaltem Wasser einweichen, Milch mit 60 g Zucker, der Länge nach halbierten Vanilleschoten und mit Salz bei geringer Hitze zum Kochen bringen, kurz kochen. Eidotter mit restlichem Zucker in einer Schüssel schaumig rühren. Vanilleschote aus der Milch nehmen, diese mit dem Schneebesen unter die Eidottermasse rühren. Gelatine gut ausdrücken, in der heißen Creme auflösen, dann alles abkühlen lassen. Das Schlagobers steif schlagen, sobald die Creme zu gelieren beginnt, das Obers vorsichtig unterheben. Zum Festwerden 2 Stunden in den Kühlschrank stellen, vor dem Servieren mit dem Schokoladestreusel bestreuen.

> **TIPP:** *Wenn Sie die Creme in mit kaltem Wasser ausgespülte Formen füllen, können Sie sie nach der Kühlzeit gut stürzen.*

Kalte Desserts

Erdbeercreme

300 g Erdbeeren
100 g Zucker
1/8 l Rotwein
1/2 l Schlagobers
1/8 l Schlagobers
5 Blatt Gelatine
3 Tropfen Mandelaroma

Zubereitungszeit: 35 Minuten
(ohne Kühlzeit)

Gelatine in kaltem Wasser einweichen, Erdbeeren waschen, abtropfen lassen und entstielen. Mit Rotwein und Zucker 15 Minuten kochen lassen, dann durch ein feines Sieb streichen. Gut ausgedrückte Gelatine in der heißen Sauce auflösen, Sauce abkühlen lassen. Inzwischen 1/2 l Schlagobers steif schlagen, wenn die Masse zu gelieren beginnt, das Obers vorsichtig unterheben, im Kühlschrank fest werden lassen. Vor dem Anrichten 1/8 l Schlagobers halb steif schlagen, mit dem Mandelaroma aromatisieren und mit der Erdbeercreme servieren.

Erdbeer-Joghurt-Creme gestürzt

200 g Erdbeeren
3/8 l Joghurt
3 EL Zitronensaft
1/4 l Schlagobers
130 g Zucker
10 Blatt Gelatine

Zubereitungszeit: 1 Stunde
(ohne Kühlzeit)

Gelatine in kaltem Wasser einweichen, Erdbeeren waschen, gut abtropfen lassen und entstielen. Vier schöne Erdbeeren für die Garnierung reservieren. Restliche Früchte in Stücke schneiden, mit Zucker und Zitronensaft vermischen. Im Mixer feinst pürieren und mit Joghurt verrühren. Schlagobers steif schlagen, Gelatine gut ausdrücken, mit einem kleinen Teil der Erdbeermasse mischen und über Wasserdampf schmelzen. Sofort mit der restlichen Masse verrühren, dann das Schlagobers unterheben. Die Masse in kleine Formen mit einem glatten Boden füllen, mit Frischhaltefolie abdecken und für 3 Stunden in den Kühlschrank stellen. Vor dem Servieren die Formen stürzen und mit den reservierten Erdbeeren garnieren.

> **TIPP**: *Bevor Sie Erdbeercreme stürzen, lockern Sie mit einem kleinen Messer den Rand etwas und tauchen Sie die Formen kurz in heißes Wasser.*

Kalte Desserts

Erdbeer - Topfen - Creme

500 g Erdbeeren
1 EL Orangenlikör
5 EL Staubzucker
Saft einer 1/2 Zitrone
200 g Topfen
6 Blatt Gelatine
1/4 l Schlagobers
1 Pkg. Vanillezucker
90 g Staubzucker
frische Erdbeeren und Minzeblätter zum Garnieren

Zubereitungszeit: 30 Minuten (ohne Kühlzeit)

Gelatine in kaltem Wasser einweichen, die Erdbeeren waschen, gut abtropfen lassen, entstielen, klein schneiden. Erdbeerstücke mit Orangenlikör, Zitronensaft und 5 EL Staubzucker gut verrühren, im Mixer fein pürieren. Das Schlagobers steif schlagen, Topfen mit Vanillezucker, Zucker und Erdbeerpüree gut vermengen. Einen kleinen Teil der Masse über Wasserdampf erhitzen, gut ausgedrückte Gelatine darin auflösen. Mit der restlichen Masse rasch verrühren. Das Schlagobers unterheben, die Creme in eine Schüssel füllen und im Kühlschrank 2 Stunden fest werden lassen. Vor dem Servieren mit Hilfe eines Löffels kleine Nocken aus der Masse ausstechen, auf Tellern anrichten und mit frischen Erdbeeren und Minzeblättern garnieren.

> **TIPP:** *Bevor Sie die Nocken aus der Erdbeermasse ausstechen, tauchen Sie den Löffel in kaltes Wasser.*

Erdbeertortelettes mit Gelatine

500 g Erdbeeren
4 Eier
80 g Zucker
120 g Mehl
30 g Butter
250 g Erdbeermarmelade
4 EL Zucker
1/4 l Wasser
1 Pkg. Tortengelee

Zubereitungszeit: 50 Minuten

Backrohr auf 200 °C vorheizen, ein Backblech mit Backpapier belegen. In einer Pfanne die Butter schmelzen lassen, die Eier trennen, das Mehl sieben. Eiklar mit Zucker zu steifem Schnee schlagen, Eidotter, Mehl und flüssige Butter vorsichtig unterheben. Masse auf das Backblech fingerdick aufstreichen, im Rohr 8 Minuten zu goldgelber Farbe backen. Nach dem Ende der Backzeit Biskuit aus dem Rohr nehmen und abkühlen lassen. Die Erdbeeren waschen, gut abtropfen lassen, entstielen und je nach Größe halbieren oder vierteln, das Schlagobers steif schlagen und kalt stellen. Runde Scheiben von 8 cm Durchmesser ausstechen und ausschneiden. Jeweils zwei Scheiben mit Marmelade zusammensetzen.

Tortengelee mit Zucker und Wasser anrühren, aufkochen, bei geringer Hitze 1 Minute kochen, vom Herd nehmen und 10 Minuten abkühlen lassen. Die Tortelettes mit den Erdbeeren belegen, einen Dressiersack mit Schlagobers füllen und dieses rund um die Erdbeeren aufspritzen. Mit dem Tortengelee überglänzen und im Kühlschrank fest werden lassen.

Erdbeeren Romanow

600 g Erdbeeren
Saft von einer Orange
2 EL Zucker
2 EL Portwein
2 EL Orangenlikör
1/4 l Schlagobers

Zubereitungszeit: 45 Minuten
(ohne Kühlzeit)

Die Erdbeeren waschen, gut abtropfen lassen, entstielen und halbieren, dann in eine Schüssel legen. Den Orangensaft mit Zucker, Orangenlikör und Portwein gut vermischen und über die Erdbeeren gießen. Erdbeeren 30 Minuten im Kühlschrank marinieren. In dieser Zeit das Schlagobers steif schlagen. Obers abwechselnd mit den Erdbeeren in Gläser schichten, nochmals 30 Minuten im Kühlschrank kühlen.

Fruchtsalat

1 Apfel
1 Birne
2 Bananen
100 g grüne Weintrauben
100 g blaue Weintrauben
3 Kiwis
200 g Erdbeeren
1/4 Zuckermelone
Saft einer Zitrone
Saft einer Orange
3 EL Orangenlikör
1/2 l Wasser
500 g Zucker
6 g gehackte Walnüsse

Zubereitungszeit: 40 Minuten
(ohne Marinierzeit)

Wasser mit dem Zucker aufkochen lassen, Schaum abheben und erkalten lassen. Orangensaft, Zitronensaft und Orangenlikör gut vermengen und mit dem Zuckerwasser vermischen. Apfel und Birne schälen, vierteln, das Kerngehäuse entfernen und in Spalten schneiden. Kiwis und Bananen schälen und in Scheiben schneiden. Die Weintrauben waschen, gut abtropfen lassen, halbieren und entkernen. Die Erdbeeren waschen, gut abtropfen lassen, entstielen und halbieren. Melone schälen und entkernen, dann in kleine Stücke schneiden. Alle Früchte in der Marinade, im Kühlschrank, ziehen lassen. Vor dem Anrichten in kleine Schüsseln verteilen und mit den gehackten Nüssen bestreuen.

> **TIPP**: *Damit Apfel, Birne und Banane nicht braun werden, schneiden Sie sie direkt in die Marinade.*

Kalte Desserts

Götterspeise

2 Eidotter
2 Rippen Kochschokolade
80 g Staubzucker
12 Biskotten
3 EL Rum
1/4 l Schlagobers

Zubereitungszeit: 30 Minuten
(ohne Kühlzeit)

Schokolade im Wasserbad erweichen, so lange rühren, bis sie fast kühl ist. Schlagobers steif schlagen, Eidotter mit gesiebtem Staubzucker cremig rühren, die Schokolade unterziehen und das Schlagobers unter die Masse heben. Biskotten in Stücke teilen, den Boden von Schalen fingerdick mit Creme bestreichen, Biskottenstücke in Rum tauchen und auf die Creme legen. Mit der Schokoladecreme abschließen, im Kühlschrank kalt stellen.

TIPP: *Götterspeise mit Schokoladeraspeln und Schlagobers garnieren.*

Himbeercreme

500 g Himbeeren
120 g Staubzucker
3 Blatt Gelatine
1/2 l Schlagobers
1/8 l Joghurt
Saft einer 1/2 Zitrone
300 g Himbeeren zum Garnieren

Zubereitungszeit: 30 Minuten
(ohne Kühlzeit)

Gelatine in kaltem Wasser einweichen, das Schlagobers steif schlagen, die Himbeeren sparsam waschen, gut abtropfen lassen. Himbeeren mit Zucker und Zitronensaft gut verrühren, im Mixer fein pürieren, anschließend durch ein feines Sieb streichen. Joghurt mit dem Püree vermengen, einen kleinen Teil der Masse über Wasserdampf erhitzen, gut ausgedrückte Gelatine darin auflösen. Sofort mit der restlichen Himbeer-Joghurt-Masse verrühren, Schlagobers unterheben. Creme in Gläser füllen und im Kühlschrank 3 Stunden fest werden lassen. Vor dem Anrichten Himbeeren für die Garnierung sparsam waschen und putzen, auf der Creme verteilt servieren.

Kaffeecreme mit Vanilleeis

2 Becher Crème fraîche
1/4 l kalter Mokka
80 g Staubzucker
3 EL Mandellikör
1 Pkg. Vanillezucker
1/2 l Vanilleeis
1/8 l Schlagobers
gemahlener Kaffee zum Bestreuen

Schlagobers steif schlagen, Mokka mit Zucker, Crème fraîche, Mandellikör und Vanillezucker gut vermischen, in 4 Gläser füllen. Vanilleeis darauf verteilen, mit dem Schlagobers garnieren und mit dem gemahlenen Kaffee bestreuen, vor dem Servieren 30 Minuten in den Tiefkühler stellen.

Zubereitungszeit: 45 Minuten

Karamellcreme

2 Eier
130 g Kristallzucker
1/8 l heißes Wasser
1/2 l Milch
20 g Maizena
Mark einer 1/2 Vanilleschote

Zubereitungszeit: 30 Minuten

Eier trennen, in einer Pfanne 80 g Zucker unter ständigem Rühren anbräunen, mit heißem Wasser ablöschen, kochen, bis der Zucker sich gelöst hat. In einem Topf 2 Eidotter mit restlichem Zucker schaumig rühren, Milch, Maizena, Mark der Vanilleschote und karamellisierten Zucker dazugeben. Bei geringer Hitze so lange schlagen, bis Masse aufwallt, aber nicht kocht. Topf vom Herd nehmen, das Eiklar zu steifem Schnee schlagen und unter die warme Sauce heben. Karamellcreme gekühlt servieren.

Kastaniencremeterrine

600 g Kastanienpüree
4 EL Rum
70 g Staubzucker
5 Blatt Gelatine
1/2 l Schlagobers
40 g Staubzucker
1 TL Rum

Zubereitungszeit: 40 Minuten (ohne Kühlzeit)

Gelatine in kaltem Wasser einweichen, Schlagobers steif schlagen. 250 g Kastanienpüree, 40 g Staubzucker und 1 TL Rum gut vermischen, zu einer Rolle formen, im Kühlschrank kalt stellen. Restliches Kastanienpüree passieren, mit restlichem Staubzucker und Rum gut vermengen, Gelatine ausdrücken, über Wasserdampf auflösen, unter das Kastanienpüree rühren, Schlagobers unterheben. Kastenform mit Frischhaltefolie auslegen, mit der Hälfte der Masse füllen, die gekühlte Rolle darauf legen, mit der restlichen Masse abdecken. Mit einer Folie zugedeckt 3 Stunden im Kühlschrank kalt stellen.

Kalte Desserts

Kastanienreis mit Schlagobers

1 kg Kastanien
120 g Staubzucker
1 Eidotter
1/2 l Milch
1/4 l Wasser
1 KL Weinbrand
1/4 l Schlagobers

Zubereitungszeit: 45 Minuten

Das Backrohr auf 180 °C vorheizen, Kastanien auf der gewölbten Seite kreuzweise einschneiden, auf einem nassen Backblech so lange im Rohr braten bis sie aufspringen. Kastanien schälen, in der gewässerten Milch weich kochen und dann passieren. Püree mit dem Zucker, Weinbrand und Eidotter sehr gut verrühren. Das Schlagobers steif schlagen, Kastanienpüreemasse durch ein Sieb streichen, mit Schlagobers garnieren, vor dem Servieren eine Stunde kalt stellen.

Kirschenragout mit Vanilleeis

200 g dunkle Kirschen
1/16 l Wasser
1 EL Kirschwasser
1 EL Zucker
1 TL Maizena
4 Kugeln Vanilleeis
Minzeblätter zum Garnieren

Zubereitungszeit: 30 Minuten

Kirschen waschen, entkernen, in einem Topf mit Zucker und Wasser einmal aufkochen. Maizena mit etwas kaltem Wasser verrühren und zum Ragout geben, bei geringer Hitze leicht kochen, bis die Sauce eingedickt ist. Das Kirschwasser einrühren. Auf Tellern die Vanilleeiskugeln anrichten, das Kirschragout rundherum legen, mit Minzeblättern garnieren und sofort servieren.

Kiwi-Nuss-Topfen-Creme

1/2 Becher Joghurt
250 g Topfen
3 EL Honig
40 g Walnüsse grob gehackt
1 EL Zitronensaft
2 Kiwis

*Zubereitungszeit: 20 Minuten
(ohne Kühlzeit)*

Topfen mit Joghurt, Honig und Zitronensaft gut verrühren. Eine Kiwi schälen, kleinwürfelig schneiden und mit den Nüssen unter die Topfencreme rühren, 1 Stunde im Kühlschrank kalt stellen. Vor dem Servieren zweite Kiwi schälen, in Scheiben schneiden und die Creme damit garnieren.

> **TIPP:** *Wollen Sie die Kiwis schön und gleichmäßig schneiden, verwenden Sie dafür einen Eierschneider.*

Kalte Desserts

Lebkuchenmousse

100 g Kochschokolade
1 Eidotter
1 Ei
40 g Staubzucker
1 Blatt Gelatine
3/8 l Schlagobers
100 g Lebkuchenbrösel
10 g Lebkuchengewürz
250 g Dörrzwetschken
1/4 l Wasser
1/8 l Weinbrand
50 g Zucker

Zubereitungszeit: 40 Minuten
(ohne Kühlzeit)

Die Gelatine in kaltem Wasser einweichen, Schokolade im Wasserbad erweichen, vom Dampf nehmen und so lange rühren, bis sie lauwarm ist. Schlagobers steif schlagen. Eidotter und Ei mit Zucker schaumig rühren und unter die Schokolade ziehen. Gelatine gut ausdrücken über Wasserdampf auflösen, sofort unter die Schokolademasse rühren, Lebkuchenbrösel und Gewürz gut einrühren, zuletzt das Schlagobers vorsichtig unterheben. Eine Kastenform mit Frischhaltefolie auslegen, Masse einfüllen und 1 Stunde 30 Minuten in den Kühlschrank zum Festwerden stellen. 45 Minuten vor dem Anrichten Weinbrand, Zucker und Wasser aufkochen, Dörrzwetschken einlegen und ziehen lassen. Lebkuchenmousse aus der Form lösen, Folie abziehen und mit den Zwetschken servieren.

Marillencreme gestürzt

250 g Marillen
250 g Gervais
170 g Staubzucker
1/2 l Joghurt
1/4 l Schlagobers
14 Blatt Gelatine
Saft einer 1/2 Zitrone

Zubereitungszeit: 35 Minuten
(ohne Kühlzeit)

Marillen waschen, halbieren, entkernen und kleinwürfelig schneiden, im Mixer pürieren. Gelatine in kaltem Wasser einweichen, das Schlagobers steif schlagen und kalt stellen. Gervais, Zucker, Zitronensaft, Marillenpüree und Joghurt gut verrühren. Gelatine ausdrücken, mit einem kleinen Teil der Marillen-Joghurt-Masse verrühren, über Wasserdampf erwärmen, bis die Gelatine geschmolzen ist. Vom Dampf nehmen und rasch in die restliche Masse einrühren. Ein Drittel des Schlagobers in die Masse einrühren, restliches Obers unterheben. Kleine Formen mit glatten Boden mit kaltem Wasser ausspülen, Creme einfüllen. Mit Frischhaltefolie zugedeckt 3 Stunden in den Kühlschrank zum Festwerden stellen. Vor dem Servieren Formen kurz in heißes Wasser tauchen und die Creme auf Teller stürzen.

Kalte Desserts

Marillenschaum mit Topfen

300 g Marillen
1 EL Staubzucker
2 TL Zitronensaft
2 EL Marillenlikör
1/8 l Schlagobers
250 g Topfen
50 g Staubzucker
Schokoladestreusel zum Garnieren

Zubereitungszeit: 1 Stunde (ohne Kühlzeit)

Marillen waschen, halbieren und entkernen. 4 Marillenhälften für die Garnierung zur Seite legen. Restliche Marillen mit 1 TL Zitronensaft und 1 EL Staubzucker verrühren, mit wenig Wasser weich dünsten. Durch eine feines Sieb streichen, erkalten lassen und Marillenlikör einrühren. Dessertgläser zum Vorkühlen in den Kühlschrank stellen. Schlagobers steif schlagen und kalt stellen. Topfen passieren, mit Staubzucker, restlichem Zitronensaft und Marillenmus schaumig rühren. Schlagobers unter die Topfenmasse heben. Reservierte Marillenhälften in dünne Spalten schneiden, abwechselnd mit der Topfenmasse in die Gläser füllen, mit Marillenspalten und Schokoladestreusel garnieren. Vor dem Servieren eine Stunde in den Kühlschrank stellen.

Marzipanschaum mit Himbeersauce

200 g Rohmarzipan
1/4 l Milch
4 Blatt Gelatine
2 Eidotter
80 g Staubzucker
1 Tropfen Bittermandelaroma
1/4 l Schlagobers
1/8 l Wasser
60 g Zucker
250 g Himbeeren
1/2 TL Zitronensaft
1 TL Himbeergeist

Zubereitungszeit: 1 Stunde

Die Gelatine in kaltem Wasser einweichen, das Schlagobers steif schlagen und kalt stellen. Rohmarzipan reiben, Eidotter mit Zucker sehr schaumig rühren, die Milch mit dem Marzipan aufkochen, so lange rühren, bis das Marzipan aufgelöst ist. Gelatine gut ausdrücken und in der heißen Marzipanmilch auflösen, mit der Dottermasse gut vermengen und kalt stellen. Sobald die Masse zu gelieren beginnt, das Schlagobers unterheben. Für die Himbeersauce Himbeeren verlesen, waschen, gut abtropfen lassen. Wasser und Zucker aufkochen lassen, Himbeeren mit Zuckerwasser pürieren, durch ein feines Sieb streichen. Mit Himbeergeist und Zitronensaft würzen.

Kalte Desserts

Meraner Creme

150 g Kirschen
120 g Staubzucker
6 Eidotter
2 Pkg. Vanillezucker
4 EL Rum
1/4 l Schlagobers

Zubereitungszeit: 30 Minuten

Die Kirschen waschen, gut abtropfen lassen, entkernen und trockentupfen. Schlagobers steif schlagen. Eidotter mit Zucker, Vanillezucker und Rum schaumig rühren. Schlagobers unterheben, eine Schüssel mit der Hälfte der Kirschen auslegen, Creme darauf verteilen und mit restlichen Kirschen verzieren. Vor dem Servieren 15 Minuten in den Kühlschrank stellen.

> **TIPP:** *Sie können die Früchte auch weglassen und die Creme mit Cocktailkirschen verzieren.*

Mohncreme

70 g gemahlener Mohn
6 Blatt Gelatine
4 Eidotter
1/4 l Milch
100 g Staubzucker
1/4 l Schlagobers
3 EL Rum

Zubereitungszeit: 1 Stunde
(ohne Kühlzeit)

Gelatine in kaltem Wasser einweichen, das Schlagobers steif schlagen und kalt stellen. Eidotter mit Zucker cremig rühren, die Milch in einem Topf aufkochen lassen, unter ständigem Rühren mit der Dottermasse vermischen. Bei geringer Hitze so lange weiterrühren, bis die Masse cremig ist. Vom Feuer nehmen, in eine Schüssel umgießen und etwas abkühlen lassen. Gelatine gut ausdrücken und in der noch warmen Masse auflösen. Die Creme durch ein feines Sieb abseihen. Den Mohn unter die Creme rühren, kalt stellen. Wenn die Masse zu gelieren beginnt, zuerst den Rum und dann das Schlagobers unterziehen. Mohncreme in kalt ausgespülte Formen füllen, mit einer Frischhaltefolie abdecken und mindestens 4 Stunden zum Festwerden in den Kühlschrank stellen. Vor dem Servieren die Formen kurz in heißes Wasser tauchen und auf Teller stürzen.

> **TIPP:** *Besser ist es, wenn Sie die Mohncreme über Nacht, im Kühlschrank, fest werden lassen.*

Kalte Desserts

Orangencreme

1/4 l Orangensaft
60 g Staubzucker
4 Blatt Gelatine
2 EL Orangenlikör
1/4 l Schlagobers
Minzeblätter zum Garnieren

Zubereitungszeit: 30 Minuten
(ohne Kühlzeit)

Gelatine in kaltem Wasser einweichen, Schlagobers schlagen und kalt stellen. Orangensaft mit Zucker gut vermischen, Gelatine gut ausdrücken, über Wasserdampf schmelzen und sofort in den Orangensaft einrühren. Kleine Formen mit Wasser ausspülen und in den Kühlschrank stellen. Ist der Orangensaft abgekühlt, die Hälfte des Obers und den Orangenlikör einrühren, restliches Schlagobers unterheben. Orangencreme in vorbereitete Formen füllen, mit Frischhaltefolie abdecken und mindestens 5 Stunden in den Kühlschrank, zum Festwerden, stellen. Vor dem Servieren die Formen kurz in heißes Wasser tauchen und die Creme auf Teller stürzen, mit Minzeblättern garnieren.

> **TIPP:** *Damit sich die Crememasse in den Formen gut verteilt, klopfen Sie sie nach dem Befüllen ein paar Mal leicht auf.*

Orangen-Erdbeeren-Mousse

500 g Erdbeeren
Saft und abgeriebene Schale von 2 Orangen
3 EL Staubzucker
2 Eier
80 g Staubzucker
4 Blatt Gelatine
1/8 l Schlagobers

Zubereitungszeit: 40 Minuten

Gelatine in kaltem Wasser einweichen, Erdbeeren waschen, gut abtropfen lassen und entstielen. Einige Beeren als Garnitur reservieren, restliche Früchte zur Hälfte in Scheiben schneiden, in eine Schüssel legen. Die andere Hälfte der Erdbeeren im Mixer pürieren. Orangensaft und Schale mit Staubzucker unter das Erdbeerpüree rühren. Eier trennen, Eidotter mit Zucker schaumig rühren, Püree unterziehen. Gelatine gut ausdrücken und über Wasserdampf schmelzen, sofort in das Fruchtmus einrühren und mit den Erdbeerscheiben vermengen. Eiklar zu steifem Schnee schlagen und abwechselnd mit dem geschlagenem Schlagobers unter die Masse heben. Das Mousse in eine Schüssel füllen und 4 Stunden im Kühlschrank fest werden lassen. Vor dem Servieren mit den reservierten Erdbeeren garnieren.

Kalte Desserts

Reis Trauttmansdorff

1/2 l Milch
100 g Rundkornreis
1/2 Vanilleschote
80 g Zucker
1 Prise Salz
5 Blatt Gelatine
120 g gemischte kandierte Früchte
2 EL Maraschino
1/4 l Schlagobers

Zubereitungszeit: 1 Stunde (ohne Kühlzeit)

Gelatine in kaltem Wasser einweichen, kandierte Früchte grob hacken und mit dem Maraschino beträufeln, das Schlagobers steif schlagen und kalt stellen. Die Milch mit Salz, aufgeschnittener Vanilleschote und Zucker aufkochen lassen. Den Reis dazugeben und 35 Minuten bei geringer Hitze ausquellen lassen. Dann die Vanilleschote entfernen, gut ausgedrückte Gelatine im heißen Milchreis vollständig auflösen und auskühlen lassen. Kandierte Früchte unter den kühlen Reis rühren und das Schlagobers unterheben. Eine Puddingform mit kaltem Wasser ausspülen, Reismasse einfüllen und 3 Stunden im Kühlschrank fest werden lassen. Vor dem Servieren die Puddingform kurz in heißes Wasser tauchen und auf eine Platte stürzen.

Rhabarberschaum

400 g Rhabarber
5 EL Zucker
1 TL Zitronensaft
1/4 l Wasser
4 Eiklar
3 EL Staubzucker
gehackte Pistazien zum Garnieren

Zubereitungszeit: 40 Minuten

Rhabarber putzen, waschen, in 3-cm-Stücke schneiden. Das Wasser mit dem Zucker aufkochen, Zitronensaft und Rhabarberstücke dazugeben. Zugedeckt, bei geringer Hitze, 2 Minuten leicht kochen lassen, dann die Rhabarberstücke im Sirup abkühlen lassen. Inzwischen Eiklar mit dem Staubzucker zu sehr steifem Schnee schlagen. Rhabarber mit einem Schaumlöffel aus der Flüssigkeit heben, sehr gut abtropfen lassen und unter den Schnee mischen. Rasch in Gläser füllen, mit gehackten Pistazien bestreut sofort servieren.

Anisbögen
(siehe Rezept Seite 121)

Foto: Foto Liesl Biber

Dattelkonfekt
(siehe Rezept Seite 122)

Foto: Foto Liesl Biber

Florentiner
(siehe Rezept Seite 124)

Foto: Foto Liesl Biber

Hausfreunde
(siehe Rezept Seite 126)

Foto: Foto Liesl Biber

Kalte Desserts

Rhabarberpudding mit Erdbeerpüree

150 g Rhabarber
50 g Zucker
Saft und abgeriebene Schale einer Zitrone
1 Vanilleschote
1/16 l Wasser
4 Blatt Gelatine
2 Eidotter
1/8 l Schlagobers
300 g Erdbeeren
30 g Staubzucker
3 EL Erdbeerlikör

Zubereitungszeit: 30 Minuten (ohne Kühlzeit)

Die Gelatine in kaltem Wasser einweichen, Schlagobers steif schlagen und kalt stellen. Rhabarber putzen, waschen und in 1-cm-Stücke schneiden. Mit Wasser, Zucker, Zitronensaft, Zitronenschale und dem Mark der Vanilleschote weich kochen. Durch ein feines Sieb streichen und die gut ausgedrückte Gelatine darin auflösen, etwas abkühlen lassen. Eidotter und Schlagobers nacheinander unterziehen. Masse in eine Schüssel füllen, glatt streichen und zum Festwerden 3 Stunden in den Kühlschrank stellen. Für das Erdbeerpüree die Erdbeeren waschen, gut abtropfen lassen und entstielen. Einige Früchte für die Garnierung zur Seite legen. Restliche Erdbeeren klein schneiden, mit dem Staubzucker bestreuen, den Likör zugießen und im Mixer pürieren. Erdbeerpüree mit dem Rhabarberpudding servieren.

Rahmnockerln mit marinierten Beeren

300 g Sauerrahm
2 Zimtstangen
4 Gewürznelken
1 Pkg. Vanillezucker
20 g Rosinen
1 Apfel
50 g Grieß
1/8 l Schlagobers
abgeriebene Schale einer Zitrone
1/2 l Rotwein
3/8 l Portwein
4 EL Staubzucker
1 Zimtstange
2 EL Maizena
100 g Himbeeren
100 g Brombeeren
100 g Heidelbeeren

Zubereitungszeit: 30 Minuten (ohne Kühlzeit)

Rosinen mit heißem Wasser waschen, gut abtrocknen, Apfel schälen, vierteln und das Kerngehäuse ausschneiden, kleinwürfelig schneiden. Schlagobers steif schlagen und kalt stellen. Sauerrahm, Zimtstangen, Nelken, Vanillezucker, Rosinen und Zitronenschale vermischen und bei geringer Hitze unter ständigem Rühren langsam zum Kochen bringen. Apfelstücke zum Rahm geben. Aufkochen, Zimtstangen entfernen und den Grieß unter ständigem Rühren langsam einrieseln lassen. So lange rühren, bis eine dickcremige Masse entsteht. Vom Feuer nehmen und abkühlen lassen. Die Hälfte des Schlagobers mit der Rahm-Grieß-Masse verrühren, restliches Obers unterheben. Mit Frischhaltefolie zudecken und im Kühlschrank 1 Stunde fest werden lassen. Mit einem Löffel Nockerln ausstechen und auf

Kalte Desserts

Tellern anrichten. Für die marinierten Beeren, Himbeeren, Brombeeren und Heidelbeeren verlesen, waschen und gut abtropfen lassen. Rotwein und Portwein mit dem Zucker verrühren, die Zimtstange dazugeben und bei geringer Hitze so lange kochen, bis die Flüssigkeit auf 1/2 l eingekocht ist. Die Zimtstange entfernen, Maizena mit ein paar Tropfen Wasser anrühren. So viel davon in die Flüssigkeit einrühren, dass sich eine sämige Bindung ergibt. Die Beeren dazugeben, kurz aufkochen, vom Herd nehmen und abkühlen lassen.

> **Tipp:** *Wenn der Sauerrahm beim Erhitzen ausflockt, so lange weiterrühren, bis die Flüssigkeit wieder bindet.*

Ribiseljoghurt

2 Becher Joghurt
2 EL Milch
4 Blatt Gelatine
Saft von 1 Zitrone
250 g Ribisel
2 EL Staubzucker
2 Eiklar
1/8 l Schlagobers

Zubereitungszeit: 30 Minuten (ohne Kühlzeit)

Gelatine in kaltem Wasser einweichen, Ribisel waschen, abtropfen lassen und abrebeln. Mit Zucker im Mixer pürieren, Schlagobers steif schlagen und kalt stellen. Joghurt mit Milch und Zitronensaft cremig rühren. Ausgedrückte Gelatine über Wasserdampf schmelzen und sofort in die Joghurtmasse einrühren. Ribiselpüree unter die Joghurtcreme rühren, das Eiklar zu steifem Schnee schlagen abwechselnd mit dem Schlagobers unter die Creme heben. Kleine Puddingformen kalt ausspülen, Masse einfüllen, mit Frischhaltefolie zugedeckt 2 Stunden im Kühlschrank fest werden lassen. Puddingformen kurz in heißes Wasser tauchen und die Joghurtcreme auf Teller stürzen.

Kalte Desserts

Schneenockerln mit Schokoladecreme

2 Eiklar
1/2 l Milch
50 g Staubzucker
1 Pkg. Vanillezucker
120 g Schokolade
3 Eidotter

Zubereitungszeit: 30 Minuten

Staubzucker sieben, Eiklar zu steifem Schnee schlagen, Staubzucker löffelweise dazugeben und sehr steif ausschlagen. Milch mit Vanillezucker aufkochen, mit Hilfe eines Löffels Nockerln aus der Schneemasse ausstechen und in die kochende Milch legen, 5 Minuten leicht kochen lassen. Mit einem Schaumlöffel herausnehmen und gut abtropfen lassen. Schokolade mit einem Teil der Milch so lange kochen, bis sie aufgelöst ist, restliche Milch dazugießen. Die Eidotter schaumig schlagen, Schokoladenmilch unter ständigem Rühren dazugeben. Die Schneenockerl mit Schokoladecreme garniert servieren.

Schokoladereisringe

3/8 l Milch
70 g Langkornreis
1 TL Butter
70 g Zucker
1/2 Vanilleschote
100 g Schokolade
2 Blatt Gelatine
1/4 l Schlagobers
Öl und Zucker für die Formen
Schokoladespäne zum Garnieren

Zubereitungszeit: 45 Minuten
(ohne Kühlzeit)

Kleine Puddingformen oder Kaffeetassen mit Öl ausstreichen und mit Zucker bestreuen. In einem Topf die Butter erhitzen, Reis darin glasig anschwitzen, mit der Milch aufgießen, aufkochen lassen. Vanilleschote beifügen und den Reis bei geringer Hitze 25 Minuten ausquellen lassen, Vanilleschote entfernen. Gelatine in kaltem Wasser einweichen, Schlagobers schlagen und kalt stellen, die Schokolade kleinwürfelig schneiden. Gut ausgedrückte Gelatine, Schokolade und Zucker unter den Reis rühren, kurz überkühlen lassen. Ein Drittel vom Schlagobers in die Reismasse rühren, restliches Obers unterheben. Masse in die Formen füllen, mit Frischhaltefolie abdecken und im Kühlschrank eine Stunde fest werden lassen. Vor dem Servieren Schokoladereis auf Teller stürzen und mit Schokoladespänen garnieren.

> **TIPP:** *Verwenden Sie für die Formen neutrales Öl statt Butter, der Reis lässt sich nach dem Kühlen besser stürzen.*

Schokolademousse

4 Eier
4 EL Butter
2 EL Orangenlikör
125 g Schokolade

Zubereitungszeit: 30 Minuten

Die Schokolade im Wasserbad erweichen, anschließend so lange rühren, bis sie lauwarm ist. Die Eier trennen, Eidotter steif schlagen, dann die weiche Butter dazugeben und weiterschlagen. Schokolade unterrühren und den Orangenlikör einrühren. Das Eiklar zu sehr steifem Schnee schlagen und vorsichtig unter die Schokolademasse heben. In eine Schüssel füllen, glatt streichen und im Kühlschrank 3 Stunden fest werden lassen.

Topfenpudding mit Früchten

1/16 l Milch
2 EL Staubzucker
2 Blatt Gelatine
120 g Topfen
2 EL Sauerrahm
1 TL Zitronensaft
1 EL Rum
1/8 l Schlagobers
1 Pkg. Vanillezucker
150 g Himbeeren
100 g Heidelbeeren
100 g Marillen
100 g Staubzucker

Zubereitungszeit: 40 Minuten
(ohne Kühlzeit)

Gelatine in kaltem Wasser einweichen, das Schlagobers steif schlagen und kalt stellen. Milch mit dem Staubzucker erhitzen, gut ausgedrückte Gelatine darin auflösen, dann auskühlen lassen. Topfen mit Zitronensaft, Rum, Sauerrahm und Vanillezucker glatt verrühren. Milch mit der Topfenmasse gut vermengen und das Schlagobers unterheben. In eine Schüssel füllen, glatt streichen und 2 Stunden im Kühlschrank fest werden lassen. Die Früchte waschen, Heidelbeeren und Himbeeren verlesen, Marillen halbieren, entkernen und in Spalten schneiden, mit dem Staubzucker bestreuen und zum Topfenpudding servieren.

> **TIPP:** *Sie können natürlich auch andere Früchte, je nach Saison, für den Topfenpudding zubereiten oder mit Vanillesauce servieren.*

Kalte Desserts

Topfen-Waldbeeren-Creme

1/4 l Milch
4 Eidotter
4 Blatt Gelatine
150 g Staubzucker
1/4 l Schlagobers
250 g Topfen
1 Pkg. Vanillezucker
2 TL Zitronensaft
1 Prise Salz
200 g Walderdbeeren
100 g Heidelbeeren

Zubereitungszeit: 30 Minuten
(ohne Kühlzeit)

Gelatine in kaltem Wasser einweichen, Walderdbeeren, Heidelbeeren vorsichtig waschen und verlesen. Milch mit Eidottern und Zucker unter ständigem Rühren aufkochen, gut ausgedrückte Gelatine darin auflösen, aufkühlen lassen. Das Schlagobers steif schlagen und kalt stellen. Topfen mit Vanillezucker, Zitronensaft und Salz gut verrühren. Dottermilch mit Topfen gut vermengen und das Schlagobers unterheben. Hohe Gläser drei Finger breit mit Waldbeeren füllen, die Creme darüber gießen und 1 Stunde im Kühlschrank kühlen lassen.

Vanillecreme mit Erdbeeren

1/4 l Milch
1 Vanilleschote
1/2 Pkg. Vanillepuddingpulver
1 Eidotter
1/4 l Schlagobers
1 Blatt Gelatine
250 g Erdbeeren
40 g Staubzucker
1/8 l Schlagobers
1 TL Zitronensaft
1 Prise Salz

Zubereitungszeit: 1 Stunde

Gelatine in kaltem Wasser einweichen. 1/4 l Schlagobers steif schlagen und kalt stellen. 4 EL Milch mit Puddingpulver und Eidotter verrühren. Vanillemark ausschaben, mit der restlichen Milch und Salz aufkochen lassen. Die Puddingmischung langsam in die heiße Milch geben, nochmals aufkochen lassen und dann in eine Schüssel gießen. Darin die gut ausgedrückte Gelatine auflösen, die Creme überkühlen lassen. Die Hälfte vom Schlagobers in die Vanillecreme rühren, restliches Obers unterheben. In Glasschüssel füllen und im Kühlschrank 2 Stunden fest werden lassen. In dieser Zeit die Erdbeeren waschen, gut abtropfen lassen und entstielen. In kleine Stücke schneiden, mit Zitronensaft und Staubzucker im Mixer pürieren. Das 1/8 l Obers steif schlagen und kalt stellen. Vor dem Anrichten die Erdbeersauce auf die Vanillecreme verteilen und mit dem Obers garnieren.

Weinchaudeau

3/8 l Weißwein
160 g Staubzucker
4 Eier

Zubereitungszeit: 30 Minuten

3 Eier trennen, Weißwein mit 80 g Zucker, einem ganzen Ei und den Eidottern über Wasserdampf schaumig aufschlagen, vom Dampf nehmen und unter ständigem Weiterschlagen erkalten lassen. Eiklar zu steifem Schnee schlagen, restlichen Zucker löffelweise zugeben und ausschlagen. Den Eischnee unter die Weinschaummasse ziehen.

Weincreme

1/4 l Schlagobers
4 Blatt Gelatine
100 g Staubzucker
4 Eier
50 g grüne Weintrauben
50 g blaue Weintrauben
1/4 l Weißwein

Zubereitungszeit: 30 Minuten
(ohne Kühlzeit)

Gelatine in kaltem Wasser einweichen, das Schlagobers steif schlagen und kalt stellen. Wein, Eier und Staubzucker über Wasserdampf schaumig schlagen, vom Dampf nehmen, die gut ausgedrückte Gelatine darin auflösen. Creme so lange rühren, bis sie abgekühlt ist. Nun das Schlagobers unterheben und im Kühlschrank 1 Stunde fest werden lassen. Vor dem Servieren die Weintrauben waschen, halbieren und entkernen. Die Creme mit den Weintrauben verzieren.

Kalte Desserts

Weinschaum - Palatschinken

1/8 l Obers
1/4 l Milch
1 Eidotter
2 Eier
120 g Mehl
1 EL Öl
1 TL Vanillezucker
1 Prise Salz
1/8 l Weißwein
70 g Zucker
70 g grüne Weintrauben
70 g blaue Weintrauben
Saft von 2 Zitronen
100 g Apfelmus
1/4 l Weißwein
120 g Staubzucker
4 Blatt Gelatine
3 Eidotter
1/4 l Schlagobers
Öl zum Backen
Staubzucker zum Bestreuen

Zubereitungszeit: 1 Stunde 30 Minuten (ohne Kühlzeit)

Weintrauben waschen, halbieren und entkernen. 1/8 l Weißwein mit Zitronensaft und 70 g Zucker aufkochen, bei geringer Hitze so lange kochen, bis die Flüssigkeit sirupartig ist. Weintrauben kurz in den Sirup, zum Blanchieren, einlegen, herausheben und erkalten lassen. Für den Palatschinkenteig Milch, Eier, Eidotter, Obers und Vanillezucker gut verrühren, Mehl, Öl und Salz beifügen und alles zu einem glatten Teig verrühren, 20 Minuten rasten lassen. In einer Pfanne wenig Öl erhitzen und acht dünne Palatschinken backen. Gelatine im kalten Wasser einweichen, Schlagobers steif schlagen, kalt stellen. 1/4 l Weißwein mit Eidotter, Zucker und Apfelmus über Wasserdampf schaumig schlagen, vom Dampf nehmen, gut ausgedrückte Gelatine darin auflösen. Wein-Eidotter-Mischung kalt schlagen, Schlagobers mit etwas Traubensirup unterheben. Palatschinken mit Weinschaum bestreichen und mit den Weintraubenhälften belegen, einrollen und 1 Stunde im Kühlschrank fest werden lassen. Vor dem Servieren die Palatschinken in Stücke schneiden und mit Staubzucker bestreuen.

Winterlicher Obstsalat

3 Äpfel
2 Birnen
4 Orangen
2 Mandarinen
2 Bananen
Saft einer 1/2 Zitrone
50 g Haselnüsse
3 EL Staubzucker
2 EL weißer Rum

Zubereitungszeit: 30 Minuten

Äpfel schälen, vierteln, das Kerngehäuse entfernen, in Stifte schneiden, sofort mit Zitronensaft beträufeln. Bananen schälen, in Scheiben schneiden, ebenfalls mit Zitronensaft beträufeln. 2 Orangen und die Mandarinen schälen, Haut entfernen und in Würfel schneiden. Birnen schälen, vierteln, Kerngehäuse ausschneiden und in Scheiben schneiden. Das Obst in einer Schüssel vorsichtig vermengen, Nüsse grob hacken und unterheben. Die restlichen Orangen auspressen, Saft mit dem Zucker und Rum gut verrühren und über das Obst gießen, 30 Minuten im Kühlschrank rasten lassen.

Zitronencreme mit pochierten Marillen

160 g Staubzucker
3 Eidotter
Saft von 3 Zitronen
abgeriebene Schale von
1 Zitrone
1/16 l Weißwein
6 Blatt Gelatine
3/8 l Schlagobers
500 g Marillen
60 g Staubzucker
1 Zimtstange
1/8 l Wasser
Saft von 1 Zitrone
2 EL Marillenbrand

Zubereitungszeit: 45 Minuten

Gelatine in kaltem Wasser einweichen, das Schlagobers steif schlagen und kalt stellen. Zucker und Eidotter cremig rühren, Wein mit Zitronenschale, Zitronensaft und Zucker aufkochen. Mit der Dottermasse verrühren, die gut ausgedrückte Gelatine darin auflösen, abkühlen lassen. Schlagobers unterheben, Creme in eine Schüssel füllen und im Kühlschrank 3 Stunden fest werden lassen. Die Marillen waschen, halbieren und entkernen, dann vierteln. Wasser mit Zitronensaft und Zucker gut vermischen, die Zimtstange beifügen und alles aufkochen. Die Marillen und Marillenbrand dazugeben und bei geringer Hitze alles 1 Minute zugedeckt kochen lassen. Topf vom Herd nehmen und die Marillen in dem Fond auskühlen lassen. Zitronencreme mit den pochierten Marillen servieren.

> **TIPP:** *Für die Zubereitung der Creme können Sie auch Limetten verwenden.*

Zwetschkenwurst

280 g gedörrte Zwetschken
250 g Zucker
1/8 l Wasser
50 g Feigen
120 g Haselnüsse
50 g Staubzucker

Zubereitungszeit: 1 Stunde

Gedörrte Zwetschken waschen und in etwas Wasser weich kochen, abseihen, entkernen und klein hacken, Feigen kleinwürfelig schneiden. Zucker mit Wasser bis zum Flug spinnen. Nun die Zwetschken dazugeben und alles zu einem dicken Mus einkochen. Den Topf vom Herd nehmen, Feigen und Nüsse unterrühren. Auf einer mit Staubzucker bestreuten Arbeitsfläche aus der Masse eine Wurst formen, erkalten und trocknen lassen. Vor dem Servieren dünnblättrig schneiden.

Kleine Bäckereien

Anisbögen

80 g Butter
80 g Mehl
80 g Staubzucker
1 Eidotter
1 Ei
1 EL Vanillezucker
Anis zum Bestreuen

Zubereitungszeit: 30 Minuten

Das Backrohr auf 200 °C vorheizen, Backblech mit Backpapier belegen. Butter mit Vanillezucker und Zucker schaumig rühren, Eidotter und Ei nach und nach beifügen, alles gut durchrühren. Mehl unterheben. Mit dem Dressiersack kleine Krapfen auf das Backblech spritzen und mit Anis bestreuen, 10 Minuten backen. Nach dem Ende der Backzeit die Anisbögen noch warm vom Blech heben und mit Hilfe eines Kochlöffelstiels biegen, dann erkalten lassen.

> **TIPP:** *Spritzen Sie die Krapfen in größeren Abständen auf das Backblech.*

Brandteigkrapfen mit Schlagobers

1/4 l Milch
30 g Butter
200 g Mehl
20 g Zucker
4 Eier
1 Prise Salz
1/4 l Schlagobers
1 Ei zum Bestreichen
Staubzucker zum Bestreuen

Zubereitungszeit: 1 Stunde

Das Backrohr auf 200 °C vorheizen, Backblech mit Backpapier belegen. Milch mit Butter, Zucker und Salz aufkochen lassen, das ganze Mehl auf einmal hineingeben und so lange rühren, bis ein dicker Ballen entsteht, der sich vom Topfboden und Kochlöffel löst. Kurz überkühlen lassen und dann die Eier nach und nach einarbeiten, rühren, bis der Teig glatt ist, den Teig 20 Minuten rasten lassen. Dann den Teig in einen Dressiersack füllen und Krapfen, mit einem Durchmesser von 3 cm, auf das Backblech spritzen und mit einem verquirlten Ei bestreichen. Im Rohr 20 Minuten zu goldbrauner Farbe backen. Nach dem Ende der Backzeit aus dem Rohr nehmen und erkalten lassen. In dieser Zeit das Schlagobers steif schlagen, Brandteigkrapfen in der Mitte durchschneiden und mit Schlagobers füllen, vor dem Servieren mit Staubzucker bestreuen.

Kleine Bäckereien

Dattelkonfekt

500 g getrocknete Datteln
100 g Rohmarzipan
150 g Kochschokolade
90 g Butter

Zubereitungszeit: 30 Minuten

Die Datteln der Länge nach aufschneiden. Den Kern herausnehmen, aus Rohmarzipan einen Kern kneten und damit die Datteln füllen. Kochschokolade über Wasserdampf schmelzen, die Butter einrühren, so lange rühren, bis die Masse glatt ist. Datteln in die Schokolade bis zur Hälfte eintauchen und trocknen lassen.

Creme-Stanitzel

60 g Staubzucker
60 g Mehl
15 g Maizena
60 g Butter
60 g Zitronat
60 g Orangeat
2 Eiklar
30 g Zucker
30 g Mehl
2 Eidotter
1 Eiklar
1/8 l Milch
2 EL Obers
1 TL Vanillezucker

Zubereitungszeit: 45 Minuten
(ohne Kühlzeit)

Für die Creme Mehl mit Maizena versieben, Eidotter mit 20 g Zucker schaumig rühren, bis eine dicke Creme entstanden ist. Mehlmischung vorsichtig unterrühren. In einem Topf die Milch mit Vanillezucker erhitzen, sodann langsam unter die Dottermasse rühren. Durch ein feines Sieb streichen und wieder in den Topf geben und langsam zum Kochen bringen, bei geringer Hitze unter ständigem Rühren 3 Minuten köcheln lassen, dann abkühlen. Masse aufschlagen und das geschlagene Obers unterrühren, ein Eiklar mit dem restlichen 10 g Zucker zu steifem Schnee schlagen und unter die Creme ziehen. Mit Frischhaltefolie abdecken und 1 Stunde kalt stellen. Das Backrohr auf 190 °C vorheizen, Backblech mit Backpapier belegen, in einer Pfanne die Butter zerlassen, Zitronat und Orangeat klein hacken. 2 Eiklar zu cremigem Schnee schlagen, 60 g Staubzucker löffelweise dazugeben und steif ausschlagen. Mehl über den Schnee sieben und mit der flüssigen, abgekühlten Butter vorsichtig unterheben. 1 TL Teig, mit ausreichendem Abstand auf das Backblech geben, mit dem Löffelrücken zu dünnen Scheiben streichen, 5 Minuten im Rohr backen. Die Ränder der Scheiben sollten leicht gebräunt sein. Anschließend aus dem Rohr nehmen, Scheiben vorsichtig abheben und mit Hilfe einer Stanitzelform eindrehen. Fest werden lassen und von der Form ziehen, dann erkalten lassen. Zitronat und Orangeat unter die Creme rühren, Stanitzel mit der Creme füllen und auf einen Teller anrichten.

Eclairs

1/4 l Milch
30 g Butter
200 g Mehl
4 Eier
1 Prise Salz
100 g Kokosfett
100 g Staubzucker
50 g Butter
3/8 l Milch
2 Eidotter
150 g Staubzucker
1 Pkg. Vanillepuddingpulver
200 g Staubzucker
5 EL Mokka

Zubereitungszeit: 1 Stunde

Das Backrohr auf 200 °C vorheizen, Backblech mit Backpapier belegen. Milch mit Butter und Salz aufkochen, das ganze Mehl auf einmal in die kochende Milch geben. So lange rühren, bis sich der Teig vom Topfboden und Kochlöffel löst. Teig kurz überkühlen lassen, Eier versprudeln und langsam in den Teig einarbeiten. Rühren, bis der Teig glatt ist, dann 20 Minuten rasten lassen. Den Teig in einen Dressiersack füllen, mit glatter Tülle, und in Biskottenform auf das Backblech spritzen. Im Rohr 25 Minuten backen. Nach dem Ende der Backzeit aus dem Rohr nehmen und erkalten lassen. Inzwischen die Creme zubereiten. Vanillepuddingpulver mit 3 EL Staubzucker und 5 EL Milch gut vermischen. Restliche Milch aufkochen, angerührtes Puddingpulver einrühren und einen dicken Vanillepudding kochen, auskühlen lassen. Das Kokosfett zerlassen, auskühlen lassen, dann die Butter und den restlichen Staubzucker einrühren. Den Vanillepudding löffelweise unter die Fettmasse rühren. Für die Glasur 200 g gesiebten Staubzucker mit Mokka 10 Minuten glatt rühren, die Wölbung eines Löffels muss überzogen bleiben. Erkaltetes Backwerk der Länge nach halbieren mit der Creme füllen und mit der Glasur überziehen.

TIPP: *Streuen Sie auf den heißen Pudding etwas Zucker, dann wird sich keine Haut bilden.*

Kleine Bäckereien

Feine Keksschnitten

16 große Butterkekse
2 Eier
2 Oblaten
120 g Staubzucker
150 g Schokolade
100 g Rosinen
1 EL Rum
120 g Kokosfett

Zubereitungszeit: 45 Minuten
(ohne Kühlzeit)

Rosinen mit heißem Wasser waschen, gut abtropfen lassen, abtrocknen, mit Rum beträufeln. Schokolade im Wasserbad erweichen, vom Dampf nehmen, glatt rühren und so lange rühren, bis sie abgekühlt ist. In einer Pfanne Kokosfett zerlassen und abkühlen. Butterkekse in kleine Stücke brechen. Eier mit dem Zucker schaumig rühren, Schokolade und Rosinen unterrühren, dann das ausgekühlte Kokosfett und die Kekse einrühren. Eine eckige Form mit einer Oblate auslegen. Masse hineinfüllen und glatt streichen. Mit der zweiten Oblate abschließen, gut andrücken. Im Kühlschrank 5 Stunden erstarren lassen. Vor dem Servieren in kleine Würfel oder Rhomben schneiden.

Florentiner

300 g Butter
300 g Zucker
3/16 l Schlagobers
200 g Honig
250 g Mandelblättchen
12 kandierte Kirschen
400 g Orangeat
Pistazien zum Belegen
flüssige Schokolade zum Bestreichen

Das Backrohr auf 180 °C vorheizen, Backblech mit Backpapier belegen. Orangeat und Kirschen fein hacken. Zucker mit Butter, Schlagobers und Honig aufkochen, unter ständigem Rühren 2 Minuten kochen lassen. Zuerst die Mandeln, dann das Orangeat und die kandierten Kirschen unterrühren. Aus der Masse mit einem Löffel kleine Häufchen auf das Backblech setzen und im Rohr 10 Minuten backen. Nach dem Ende der Backzeit Florentiner aus dem Rohr nehmen, noch heiß vom Papier lösen, auskühlen lassen. Die Unterseite des Backwerkes mit flüssiger Schokolade bestreichen, mit einer Gabel Wellen ziehen.

Kleine Bäckereien

Gewürzsterne

140 g Staubzucker
140 g geriebene Haselnüsse
60 g Rosinen
1/2 TL Zimt
1/2 TL Nelkenpulver
1/2 TL Neugewürzpulver
2 Eidotter
100 g Staubzucker
1 Eiklar
1 EL Zitronensaft
Schokoladestreusel zum Bestreuen

Zubereitungszeit: 40 Minuten

Das Backrohr auf 150 °C vorheizen, Backblech mit Backpapier belegen. Die Rosinen mit heißem Wasser waschen, gut abtropfen lassen und fein hacken. Staubzucker, Haselnüsse, Rosinen, Gewürze und Eidotter auf einer Arbeitsfläche zusammenkneten, dann 2 Ziegel formen. Diese dann behutsam 3 mm dick ausrollen. Sterne ausstechen, auf das Backblech legen und 10 Minuten hellbraun backen. Nach dem Ende der Backzeit aus dem Rohr nehmen und auskühlen lassen. In dieser Zeit die Glasur zubereiten. Gesiebten Staubzucker mit Eiklar und Zitronensaft 10 Minuten glatt rühren. Abgekühlte Gewürzsterne mit Glasur überziehen und mit Schokoladestreusel bestreuen.

Haselnussmakronen

200 g Haselnüsse gerieben
300 g Staubzucker
4 Eiklar
Ribiselmarmelade zum Bestreichen

Zubereitungszeit: 45 Minuten

Das Backrohr auf 180 °C vorheizen, Backblech mit Backpapier belegen. Haselnüsse trocken rösten und abkühlen lassen. Nüsse mit Zucker und Eiklar über Wasserdampf rühren, bis die Masse eine Temperatur von 40 °C erreicht hat. Vom Dampf nehmen und kalt rühren. Masse in einen Dressiersack mit glatter Tülle füllen, kleine Busserln auf das Backblech spritzen. Im Rohr, mit spaltweit geöffneter Türe, 20 Minuten backen. Nach dem Ende der Backzeit aus dem Rohr nehmen und abkühlen lassen. Nach dem Abkühlen je zwei Haselnussmakronen mit Ribiselmarmelade zusammensetzen.

> **TIPP**: *Damit Sie die Makronen leichter vom Backpapier lösen können, drehen Sie sie mit dem Papier um, befeuchten es und legen die Makronen mit dem Papier sofort wieder auf das heiße Backblech. Statt Haselnüssen können Sie auch Mandeln oder Walnüsse verwenden.*

Kleine Bäckereien

Hausfreunde

300 g Mehl
200 g Staubzucker
200 g Mandeln
200 g Rosinen
100 g kandierte Früchte
4 Eier
3/4 Pkg. Backpulver
1 Ei zum Bestreichen

Zubereitungszeit: 50 Minuten

Backrohr auf 180 °C vorheizen, Backblech mit Backpapier belegen, Mehl mit Backpulver versieben. Rosinen mit heißem Wasser waschen, gut abtropfen lassen und abtrocknen. Mandeln und die kandierten Früchte grob schneiden, mit Mehlmischung, Rosinen und Zucker gut vermischen. Anschließend mit den verquirlten Eiern zu einem glatten Teig verkneten. Den Teig in 3 gleich große Stücke teilen. Daraus jeweils 25 cm lange Rollen formen. Rollen auf das Backblech setzen, mit verrührtem Ei bestreichen und im Rohr 25 Minuten goldgelb backen. Noch warm in 1 cm dicke Scheiben schneiden.

> **TIPP:** *Die Hausfreunde halten sich in einer gut verschlossenen Blechdose sehr lange frisch.*

Husarenkrapfen

160 g Butter
100 g Honig
2 Eidotter
1/2 TL Vanillezucker
250 g Mehl
1 Eiklar zum Bestreichen
50 g Hagelzucker zum Wälzen
100 g Erdbeermarmelade

Zubereitungszeit: 40 Minuten (ohne Kühlzeit)

Butter mit Honig, Vanillezucker und Eidottern cremig rühren, Mehl unterheben, den Teig zugedeckt 1 Stunde im Kühlschrank rasten lassen. Backblech mit Backpapier belegen. Aus dem Teig 30 kleine Kugeln formen, mit den leicht verschlagenem Eiklar bestreichen und in Hagelzucker wälzen. Husarenkrapferln nicht zu dicht auf das Backblech setzen, mit dem Stielende eines Kochlöffels eine Vertiefung eindrücken und mit Erdbeermarmelade füllen. Krapferln in das kalte Backrohr schieben, bei 180 °C 20 Minuten backen. Nach Ende der Backzeit aus dem Rohr nehmen und erkalten lassen.

Ischler Törtchen

240 g Butter
280 g Mehl
150 g geriebene Mandeln
140 g Staubzucker
1 KL Zimt
150 g Marillenmarmelade
200 g Kokosfett
200 g Schokolade
50 g gehackte Pistazien

Zubereitungszeit: 1 Stunde

Mehl mit Butter auf einer Arbeitsfläche abbröseln, gesiebten Staubzucker, Mandeln und Zimt darunter mischen, alles rasch zu glattem Teig verkneten. Zugedeckt im Kühlschrank 30 Minuten rasten lassen. Backrohr auf 200° vorheizen, Backblech mit Backpapier belegen. Teig 2 mm dick ausrollen, Scheiben mit einem Durchmesser von 3 cm ausstechen, auf das Backblech setzen, 10 Minuten im Rohr backen. Nach dem Ende der Backzeit aus dem Rohr nehmen und erkalten lassen. Inzwischen die Glasur zubereiten. Schokolade und Kokosfett im Wasserbad zergehen lassen, glatt rühren, vom Dampf nehmen und etwas überkühlen lassen. Ausgekühlte Scheiben mit Marmelade zusammensetzen, mit der Glasur übergießen und mit den gehackten Pistazien bestreuen.

TIPP: *Fertig gebackene Scheiben zum Auskühlen flach auflegen, da sie sich sonst verformen.*

Kapuzinerkipferln

150 g Schokolade
150 g Butter
210 g geriebene Mandeln
210 g Staubzucker
120 g Kokosfett
150 g Schokolade

Zubereitungszeit: 1 Stunde

150 g Schokolade über Wasserdampf erweichen, so lange rühren bis die Schokolade lauwarm ist. Butter mit Zucker und Schokolade gut verrühren, Mandeln unterrühren. Den Teig zugedeckt 30 Minuten kalt stellen. Backrohr auf 150° vorheizen, Backblech mit Backpapier belegen. Aus der Teigmasse eine 3 cm dicke Rolle formen, 2 cm große Stücke abschneiden und kleine Kipferln formen. Kipferln auf das Backblech setzen und im Rohr, bei etwas geöffneter Türe, 25 Minuten backen. Nach dem Ende der Backzeit Kipferln aus dem Rohr nehmen und auskühlen lassen. Inzwischen die Glasur zubereiten. Kokosfett und Schokolade im Wasserbad zergehen lassen, vom Dampf nehmen und glatt rühren. Erkaltete Kipferln mit der Glasur übergießen.

Kleine Bäckereien

Kastanienwürfel

210 g Staubzucker
1 Pkg. Vanillezucker
3 Eier
2 Rippen Schokolade
280 g Kastanienpüree
1 EL Rum
1/2 Pkg. Backpulver
1/16 l Milch
120 g Kastanienpüree
100 g Butter
100 g Staubzucker
70 g Butter
100 g Schokolade
Marillenmarmelade zum Bestreichen

Zubereitungszeit: 2 Stunden

Backrohr auf 180 °C vorheizen, Backblech mit Backpapier belegen. Schokoladerippen im Wasserbad erweichen, vom Dampf nehmen und so lange rühren, bis die Schokolade glatt und handwarm ist, die Eier trennen. Eidotter mit Vanillezucker und 210 g Staubzucker schaumig rühren, zuerst die Schokolade, dann den Rum, Kastanienpüree und Backpulver unterrühren. Eiklar zu steifem Schnee schlagen und vorsichtig unterheben. Die Masse auf das Backblech streichen und im Rohr 35 Minuten backen. Nach dem Ende der Backzeit herausnehmen und auf ein Backpapier stürzen. Etwas überkühlen lassen, dann das gebrauchte Papier abziehen. Kuchen in 3 gleiche Streifen schneiden und erkalten lassen. Inzwischen die Fülle zubereiten. 120 g Kastanienpüree mit Staubzucker und Butter gut vermengen, Milch langsam dazugeben und verrühren. Für die Glasur Butter und Schokolade im Wasserbad schmelzen, vom Dampf nehmen und glatt rühren, etwas überkühlen. Einen Kuchenstreifen mit Marillenmarmelade dünn einstreichen und mit der Glasur übergießen. Die drei Streifen mit der Creme zusammensetzen, der glasierte Streifen ist der letzte. 2 Stunden im Kühlschrank kalt stellen. Vor dem Servieren in kleine Würfel schneiden und mit Kastanienreis verzieren.

> **TIPP:** *Wenn Sie das Kastanienpüree nicht selbst herstellen wollen, können Sie auch tiefgekühlten Kastanienreis verwenden.*

Husarenkrapfen
(siehe Rezept Seite 126)

Foto: Foto Liesl Biber

Linzer Spritzgebäck
(siehe Rezept Seite 130)

Foto: Foto Liesl Biber

Mandeltaler
(siehe Rezept Seite 132)

Foto: Foto Liesl Biber

Windbäckerei
(siehe Rezept Seite 144)

Foto: Foto Liesl Biber

Kokosschaumgebäck

150 g Staubzucker
2 Eiklar
100 g Staubzucker
100 g Kokosflocken
3/16 l Schlagobers
200 g Schokolade
3 EL Kokoslikör

Zubereitungszeit: 1 Stunde 45 Minuten

Das Backrohr auf 100 °C vorheizen, ein Backblech mit Backpapier belegen. Eiklar mit dem 150 g Zucker cremig schlagen, 100 g Staubzucker löffelweise einschlagen dann die Kokosflocken unterheben. Mit einem Dressiersack 3 cm lange und 1 cm breite Stangerln auf das Backblech spritzen. Im Rohr 1 Stunde 30 Minuten trocknen lassen. Inzwischen die Schokoladecreme zubereiten. Die Schokolade klein schneiden, das Schlagobers einmal aufkochen lassen, vom Herd nehmen. Die Schokolade darin auflösen, zuletzt den Kokoslikör unterrühren, die Creme abkühlen lassen. Nach dem Ende der Backzeit Schaumgebäck aus dem Rohr nehmen, überkühlen lassen. Je zwei Stangerln mit der Creme zusammensetzen.

Linzer Augen

200 g Butter
300 g Mehl
100 g Staubzucker
2 Eidotter
1 Prise Salz
1 Pkg. Vanillezucker
100 g passierte Ribiselmarmelade
Staubzucker zum Bestreuen

Zubereitungszeit: 1 Stunde 15 Minuten (ohne Kühlzeit)

Das Backrohr auf 180 °C vorheizen, 2 Backbleche mit Backpapier belegen. Mehl mit Butter abbröseln, mit Eidottern, Vanillezucker und Zucker zu einem glatten Teig verkneten. Den Teig 1 mm dick ausrollen, Scheiben mit einem Durchmesser von 4 cm ausstechen. In die Hälfte der Scheiben 3 Löcher stechen. Gelochte Teigscheiben auf ein Backblech setzen, die ungelochten auf das zweite Backblech. Die Bleche nacheinander im Rohr 12 Minuten backen. Nach dem Ende der Backzeit herausnehmen und 1 Stunde auskühlen lassen. Auf die ungelochten Kekse in die Mitte Marmelade streichen, die gelochten Kekse darauf setzen und mit Staubzucker bestreuen.

> **TIPP:** *Damit die Butterkekse zart und mürbe werden, darf beim Ausrollen kein zusätzliches Mehl verwendet werden. Legen Sie den Teig zwischen zwei ausreichend große Frischhaltefolien und walken Sie ihn so aus.*

Kleine Bäckereien

Linzer Schnitten

600 g Mehl
350 g Butter
2 Eier
8 EL Honig
250 g geriebene Walnüsse
1/2 Pkg. Backpulver
1 EL Zimt
1 KL Neugewürz
abgeriebene Schale einer 1/2 Zitrone
2 EL Rum
Marillenmarmelade zum Bestreichen
150 g Mandelblättchen zum Bestreuen

Zubereitungszeit: 1 Stunde 15 Minuten

Das Mehl mit dem Backpulver versieben, Butter mit Eiern schaumig rühren, den Honig einrühren, dann die Mehlmischung, Walnüsse, Zitronenschale, Rum, Zimt und Neugewürz unterrühren. Den Teig 30 Minuten im Kühlschrank rasten lassen. Das Backrohr auf 170 °C vorheizen, ein Backblech mit Backpapier belegen. Auf einer bemehlten Arbeitsfläche den Teig zu 2/3 des Backblechs ausrollen, auf das Blech legen und mit Marmelade bestreichen. Restlichen Teig gitterförmig darüber legen und mit Mandelblättchen bestreuen. Im Rohr 35 Minuten backen. Nach dem Ende der Backzeit herausnehmen und auskühlen lassen. Vor dem Servieren in 4 cm große Quadrate schneiden.

Linzer Spritzgebäck

200 g Staubzucker
200 g Butter
4 Eidotter
1 Pkg. Vanillezucker
2 EL Rum
300 g Mehl
100 g geriebene Mandeln
2 Eidotter zum Bestreichen

Zubereitungszeit: 1 Stunde 45 Minuten

Ein Backblech mit Backpapier belegen. Butter mit Staubzucker und Vanillezucker sehr schaumig rühren, die Eidotter nach und nach einrühren, dann den Rum beifügen und das Mehl abwechselnd mit den Mandeln untermengen. Masse in einen Dressiersack füllen und auf das Backblech verschiedene Formen spritzen, danach eine Stunde kühl stellen. 15 Minuten vor dem Backen das Backrohr auf 180 °C vorheizen. Das Backwerk mit Eidotter bestreichen und im Rohr 25 Minuten backen. Nach dem Ende der Backzeit herausnehmen und auskühlen lassen.

Mandelbögen

6 Eiklar
250 g Staubzucker
250 g gehobelte Mandeln
30 g Mehl
50 g Butter
Butter und Mehl für das Backblech

Zubereitungszeit: 1 Stunde 30 Minuten

In einer Pfanne die Butter zerlassen, etwas abkühlen lassen. Eiklar mit Zucker und Butter gut verrühren, dann die Mandeln und das Mehl unterrühren. Masse 1 Stunde rasten lassen. 15 Minuten vor dem Backen das Backrohr auf 200 °C vorheizen, ein Backblech mit Backpapier belegen. Mit einem Löffel kleine Häufchen der Masse auf das Blech verteilen, mit einer Gabel runde Scheiben drücken. Im Rohr 10 Minuten backen. Herausnehmen, vorsichtig vom Backblech lösen und noch heiß in eine Rehrückenform legen, damit sich die Scheiben zu Bögen formen. Abkühlen lassen und vorsichtig aus der Form nehmen.

Mandelstangen

7 Eiklar
100 g Staubzucker
200 g geriebene Mandeln
250 g Staubzucker
Mandelblättchen zum Bestreuen
Nougat zum Zusammensetzen

Zubereitungszeit: 40 Minuten

Das Backrohr auf 180 °C vorheizen, ein Backblech mit Backpapier belegen. Eiklar mit 100 g Zucker zu sehr festem Schnee schlagen, Mandeln und Staubzucker vorsichtig unterheben. Masse in einen Dressiersack füllen und auf das Backblech kleine Stangen spritzen, mit den gehobelten Mandeln bestreuen. Im Rohr 15 Minuten backen. Herausnehmen und abkühlen lassen. Jeweils 2 Stangen mit Nougat zusammensetzen.

> **TIPP:** *Beim Befüllen des Dressiersackes achten Sie darauf, dass dieser nicht zu voll gemacht wird. Es soll noch so viel Platz oben bleiben, dass der Sack ordentlich eingedreht werden kann.*

Kleine Bäckereien

Mandeltaler

250 g Butter
250 g Honig
1 Eidotter
100 g geriebene Mandeln
350 g Mehl
1 Eidotter zum Bestreichen
Mandelhälften zum Belegen

Zubereitungszeit: 35 Minuten (ohne Kühlzeit)

Die Butter flaumig rühren, zuerst den Honig dann den Eidotter einrühren. Dann die Mandeln und das Mehl unterheben. Den Teig 2 Stunden kühl rasten lassen. 15 Minuten vor dem Backen das Backrohr auf 180 °C vorheizen, ein Backblech mit Backpapier auslegen. Auf einer bemehlten Arbeitsfläche den Teig 2 mm dick ausrollen, kleine Taler mit einem Durchmesser von 3 cm ausstechen und auf das Backblech legen. Mit Eidotter bestreichen und mit je einer Mandelhälfte belegen. Im Rohr 15 Minuten backen. Herausnehmen und erkalten lassen.

Marillenschnecken

1/4 l Milch
1/2 Pkg. Vanillepuddingpulver
30 g Staubzucker
1 Eidotter
500 g Mehl
70 g Zucker
80 g Butter
1 Pkg. Germ
1/4 l Milch
1 Ei
Salz
abgeriebene Schale einer Zitrone
16 Marillenhälften ohne Haut
100 g Rosinen
80 g flüssige Butter zum Bestreichen
Butter für das Backblech

Zubereitungszeit: 1 Stunde 30 Minuten

Puddingpulver mit Zucker und 4 EL Milch gut verrühren, restliche Milch aufkochen lassen, angerührtes Puddingpulver dazugeben und 1 Minute kochen lassen, nach dem Abkühlen Eidotter in den Pudding einrühren, dann kalt stellen. Mehl in eine Schüssel geben, Butter, Zucker und Salz am Rand verteilen. Milch erwärmen, in das Mehl eine Grube drücken, Germ in die Vertiefung bröseln, mit der lauwarmen Milch verrühren, alles zu einem glatten Teig verkneten, dann das Ei und die Zitronenschale einrühren und nochmals durchkneten. Mit etwas Mehl bestauben und 30 Minuten gehen lassen. Dann nochmals kneten und wieder 15 Minuten gehen lassen. Inzwischen die Rosinen mit heißem Wasser waschen, abtropfen lassen und abtrocknen. In einer Pfanne die Butter schmelzen lassen und überkühlen. Den Teig ausrollen, mit der flüssigen Butter bestreichen und mit den Rosinen bestreuen. Der Länge nach aufrollen. 16 gleich große Scheiben abschneiden. Ein Backblech mit Backpapier belegen und mit Butter bestreichen. Die Teigscheiben auf das Backblech legen, eine

Vertiefung drücken und mit Vanillepudding füllen und mit den Marillenhälften belegen. In das kalte Rohr stellen und bei 200 °C 30 Minuten backen. Nach dem Backen die Schnecken sofort mit zerlassener Butter bestreichen.

Marzipangolatschen

1 Pkg. Blätterteig
125 g Rohmarzipan
1/8 l Milch
10 g Vanillepuddingpulver
1 Eidotter
2 TL Staubzucker
1 Pkg. Vanillezucker
1 Ei zum Bestreichen
Staubzucker zum Bestreuen

Zubereitungszeit: 1 Stunde

Das Backrohr auf 200 °C vorheizen, ein Backblech mit Backpapier belegen. Das Rohmarzipan klein schneiden. Die Milch mit Zucker, Vanillezucker, Puddingpulver und Eidotter gut vermischen. Unter ständigem Rühren, bei geringer Hitze, aufkochen. Masse vom Herd nehmen, das Marzipan zugeben und am besten mit dem Handmixer glatt rühren, dann die Creme abkühlen lassen. Den Teig 3 mm dick ausrollen, in 8 cm große Quadrate schneiden und die Teigränder mit verquirltem Ei bestreichen. Die Fülle in kleinen Häufchen in die Mitte der Teigstücke setzen. Die Ecken der Quadrate zur Mitte hin über die Fülle ziehen und fest drücken. Aus den Teigresten kleine Quadrate schneiden und auf die Golatschen setzen. Golatschen auf das Backblech legen und im Rohr 5 Minuten anbacken, dann die Hitze auf 180 °C reduzieren und 15 Minuten fertig backen. Vor dem Servieren mit Staubzucker bestreuen.

Marzipanstanizel

100 g Rohmarzipan
100 g Mehl
1 MS Backpulver
100 g Staubzucker
1 Ei
1/8 l Milch
1 Prise Salz
1/2 l Schlagobers
6 EL Staubzucker
Saft von 2 Zitronen
Abgeriebene Schale von 1 Zitrone
100 g Preiselbeerkompott

Zubereitungszeit: 40 Minuten (ohne Rastzeit)

Rohmarzipan klein schneiden, das Mehl mit dem Backpulver versieben. Marzipan mit der Milch verrühren und mit dem Mixer zu einer glatten Masse verarbeiten. Dann die Marzipanmilch mit Salz, Mehl und Zucker gut vermengen, zuletzt das Ei unterrühren und die Masse 1 Stunde rasten lassen. 15 Minuten vor dem Backen das Backrohr auf 180 °C vorheizen, ein Backblech mit Backpapier belegen. Aus einem Karton Schablonen schneiden, ein Quadrat von 20 cm und aus der Mitte dieser Form einen Kreis im Durchmesser von 15 cm ausschneiden. Mit Hilfe der Schablone Teigscheiben auf das Backblech streichen. Die Scheiben dann im Rohr 8 Minuten backen. Herausnehmen, vom Blech vorsichtig abheben und noch heiß zu Stanitzel einrollen und auskühlen lassen. Für die Zitronencreme 4 EL Staubzucker mit Zitronensaft und Schale gut verrühren, 1/4 l Schlagobers steif schlagen, die Zitronenmischung vorsichtig unter das Obers heben. Für die Preiselbeercreme restliches Schlagobers mit 2 EL Staubzucker steif schlagen und dann das Preiselbeerkompott unterheben. Die ausgekühlten Stanitzel mit den Cremen füllen.

> **TIPP:** *Stellen Sie die heißen Stanitzel zum Auskühlen in Gläser.*

Nougatscheiben

450 g Mandelnougat
150 g helle Kuvertüre
50 g geriebene Haselnüsse
150 g helle Kuvertüre zum Bestreichen

Zubereitungszeit: 1 Stunde

Kuvertüre und das Nougat im Wasserbad vorsichtig, bei 45 °C, auflösen. Vom Dampf nehmen und mit den Nüssen gut vermischen, auf 32 °C abkühlen lassen. Ein gekühltes Backblech mit Backpapier belegen. Die Nougatmasse 6 mm dick aufstreichen und kalt stellen. In dieser Zeit die helle Kuvertüre wieder im Wasserbad bei 45 °C schmelzen und dann auf 32 °C abkühlen lassen. Ist die Nougatmasse fest geworden dünn mit Kuvertüre bestreichen, kalt stellen. Dann ein Backpapier auf die Masse legen, ein Backblech darüber und alles umdrehen. Altes Backpapier abziehen, die Oberfläche wieder mit Kuvertüre bestreichen und kalt stellen. Sobald diese fest geworden ist, kleine Scheiben ausstechen.

> **TIPP:** *Kuvertüre ist im Fachhandel erhältlich, sie darf maximal auf 50 Grad erwärmt werden, zur Weiterverarbeitung muss sie eine Temperatur von 32 Grad haben. Achten Sie darauf dass kein Wasser zur Kuvertüre kommt, sonst verklumpt sie.*

Nussbeugerln

120 g Butter
250 g Mehl
20 g Germ
20 g Staubzucker
1/16 l Milch
1 Eidotter
1 Prise Salz
350 g geriebene Walnüsse
150 g Staubzucker
1/8 l Wasser
30 g Butter
1 MS Zimt
1 EL Rum
1 Ei zum Bestreichen

Zubereitungszeit: 1 Stunde 30 Minuten

Das Mehl auf die Arbeitsfläche sieben, mit der Butter verbröseln, salzen. Germ und Zucker in der Milch auflösen. Eine Vertiefung in das Mehl drücken, Eidotter und Germmilch hineingeben und alles zu einem glatten Teig verkneten, 45 Minuten, zugedeckt, rasten lassen. Inzwischen die Fülle zubereiten, Wasser und Zucker aufkochen lassen, Nüsse, Butter, Zimt und Rum unterrühren und auskühlen lassen. Das Backrohr auf 200 °C vorheizen, ein Backblech mit Backpapier belegen. Den Teig 3 mm dick ausrollen, Rechtecke in der Größe von 10x7 cm schneiden, die Nussfülle auflegen, einrollen und Beugel formen. Die Beugel auf das

Backblech setzen, mit verquirltem Ei bestreichen und nochmals aufgehen lassen. Bevor die Beugel gebacken werden etwas auseinander ziehen, die Oberfläche soll kleine Risse bekommen. Im Rohr 25 Minuten backen.

> **TIPP**: *Je kühler der Teig verarbeitet wird, desto besser wird die Mehlspeise.*

Nussbusserln

280 g Staubzucker
280 g geriebene Haselnüsse
kleine Oblaten

Zubereitungszeit: 40 Minuten

Das Backrohr auf 150 °C vorheizen, ein Backblech mit Backpapier belegen, die Oblaten darauf legen. Eiklar zu steifem Schnee schlagen, den Zucker löffelweise einschlagen, die Nüsse vorsichtig unterheben. Windmasse in einen Dressiersack, mit großer Tülle, füllen und auf die Oblaten kleine Häufchen spritzen. Im Rohr 20 Minuten mehr trocknen als backen.

> **TIPP**: *Der Eischnee muss so steif sein, dass er sich ballt und schnittfest ist.*

Nussrollen

250 g Mehl
100 g Butter
2 EL Honig
1 Ei
1 Pkg. Vanillezucker
240 g geriebene Haselnüsse
1 Prise Zimt
4 EL Honig
2 EL Rum
120 g Staubzucker
1 EL Wasser
1 EL Rum

Zubereitungszeit: 1 Stunde

Mehl und Butter auf einer Arbeitsfläche abbröseln, Honig und Vanillezucker darunter mischen. In der Mitte eine Vertiefung machen, das Ei beigeben und alles zu einem glatten Teig verkneten, 30 Minuten rasten lassen. Inzwischen die Fülle zubereiten, Haselnüsse mit Honig, Rum und Zimt gut verrühren. Das Backrohr auf 180 °C vorheizen, ein Backblech mit Backpapier belegen. Den Teig in vier gleiche Teile teilen, diese im Rechteck 3 mm dick ausrollen, mit der Nussfülle bestreichen und einrollen. Von den Rollen kleine Scheiben abschneiden und auf das Backblech legen, im Rohr 12 Minuten backen. Für die Glasur Staubzucker mit Wasser und Rum 10 Minuten gut verrühren. Nach dem Ende der Backzeit Nussrollen aus dem Rohr nehmen, überkühlen lassen und dann mit der Glasur übergießen.

Nusssterne

250 g Mehl
150 g Butter
120 g Staubzucker
1 Eidotter
70 g Kakaopulver
100 g geriebene Haselnüsse
3 EL Zitronensaft
200 g Staubzucker
kandierte Kirschen zum Garnieren

Zubereitungszeit: 30 Minuten (ohne Rastzeit)

Mehl und Butter auf einem Brett abbröseln, mit gesiebtem Staubzucker, Haselnüssen und Kakaopulver gut vermischen. In der Mitte eine Vertiefung drücken, Ei beigeben und rasch zu einem glatten Teig verkneten. Den Teig 2 Stunden rasten lassen. 20 Minuten vor dem Backen das Backrohr auf 190 °C vorheizen, ein Backblech mit Backpapier belegen. Den Teig 4 mm dick ausrollen und Sterne ausstechen, auf das Backblech legen und 10 Minuten im Rohr backen. Für die Glasur gesiebten Staubzucker mit dem Zitronensaft 10 Minuten glatt rühren. Nach dem Ende der Backzeit Sterne aus dem Rohr nehmen, überkühlen lassen. Dann mit der Glasur bestreichen und in die Mitte eine kandierte Kirsche drücken.

Orangen-Schoko-Taler

130 g Staubzucker
130 g Butter
abgeriebene Schale einer Orange
200 g Mehl
1 TL Backpulver
100 g geraspelte Schokolade
1 Ei
1 Prise Salz
100 g Staubzucker
3 EL Orangensaft

Zubereitungszeit: 30 Minuten (ohne Rastzeit)

Mehl mit Backpulver versieben, Butter mit Orangenschale und Zucker verkneten. Die Mehlmischung darüber geben, Schokolade, Salz und das Ei dazugeben und alles zu einem geschmeidigen Teig verkneten. Aus dem Teig eine Kugel formen und mit Alufolie zugedeckt 2 Stunden im Kühlschrank rasten lassen. 20 Minuten vor dem Backen das Backrohr auf 200 °C vorheizen, ein Backblech mit Backpapier belegen. Den Teig 5 mm dick ausrollen, kleine Scheiben, mit einem Durchmesser von 4 cm, ausstechen, auf das Backblech setzen und im Rohr 10 Minuten backen. Für die Glasur gesiebten Staubzucker mit dem frisch gepressten Orangensaft 10 Minuten glatt rühren. Nach dem Ende der Backzeit die Taler aus dem Rohr nehmen, kurz überkühlen lassen und mit der Glasur überziehen.

Orangenbusserln

2 Orangen
150 g Würfelzucker
2 Eiklar
50 g geriebene Mandeln
20 g Mehl
1 Pkg. Vanillezucker

Zubereitungszeit: 40 Minuten

Das Backrohr auf 150 °C vorheizen, ein Backblech mit Backpapier belegen. Die Orangen mit heißem Wasser abwaschen und gut abtrocknen. Den Würfelzucker an der Schale der Orangen sehr gut abreiben, anschließend fein stoßen. Das Eiklar zu steifem Schnee schlagen, den Zucker löffelweise beigeben und ausschlagen. Vanillezucker, Mandeln und Mehl vorsichtig unterheben. Mit Hilfe von zwei kleinen Löffeln Busserln formen, auf das Backblech setzen und 25 Minuten mehr trocknen lassen als backen.

Pariser Spitze

60 g Butter
1 Ei
30 g Staubzucker
80 g Mehl
10 g Kakaopulver
250 g Schokolade
1/4 l Schlagobers
200 g Schokolade
1/8 l Schlagobers

Zubereitungszeit: 1 Stunde

Mehl mit der Butter auf einem Brett abbröseln, gesiebten Staubzucker und das Kakaopulver untermischen. In der Mitte eine Vertiefung drücken, das Ei beigeben und alles rasch zu einem glatten Teig verkneten, 30 Minuten im Kühlschrank rasten lassen. Inzwischen die Creme zubereiten, Schokolade klein schneiden, mit dem Schlagobers unter ständigem Rühren kochen lassen, bis die Schokolade aufgelöst ist, dann kalt stellen. Das Backrohr auf 170 °C vorheizen, ein Backblech mit Backpapier belegen. Den Teig 3 mm dick ausrollen und runde Scheiben, mit einem Durchmesser von 3 cm, ausstechen, auf das Backblech setzen und 25 Minuten im Rohr backen. Nach dem Ende der Backzeit herausnehmen und abkühlen lassen. Für die Glasur die Schokolade in kleine Stücke schneiden und mit dem Obers mischen, unter ständigem Rühren aufkochen lassen. Bei geringer Hitze so lange kochen, bis Schokolade geschmolzen ist. Die Creme schaumig rühren, einen Dressiersack mit der Creme füllen und auf den abgekühlten Mürbteig kegelförmige Spitze spritzen und mit der Schokoladeglasur überziehen.

Polsterzipfe

210 g Mehl
30 g Butter
3 Eidotter
1 EL Sauerrahm
1 EL Weißwein
100 g Staubzucker
1 Prise Salz
100 g Ribiselmarmelade
1 Ei zum Bestreichen
Staubzucker zum Bestreuen
Öl zum Ausbacken

Zubereitungszeit: 40 Minuten

Mehl und Butter abbröseln, Eidotter, Weißwein, Staubzucker, Salz und Rahm beifügen und alles zu einem glatten, geschmeidigen Teig kneten. Auf einer bemehlten Arbeitsfläche den Teig 3 mm dick ausrollen. 4 cm große Quadrate ausradeln, mit der Marmelade füllen, zusammenklappen und mit verquirltem Ei bestreichen. In einer großen Pfanne das Öl erhitzen und die Polsterzipfe schwimmend herausbacken. Auf einem Küchenpapier gut abtropfen lassen und vor dem Servieren mit Staubzucker bestreuen.

Rothschild-Biskotten

100 g Staubzucker
1 Pkg. Vanillezucker
5 Eier
150 g Mehl
100 g gehobelte Mandeln
100 g Kokosraspeln
250 g Kochschokolade
25 g Kokosfett
Ribiselmarmelade zum Bestreichen

Zubereitungszeit: 40 Minuten

Das Backrohr auf 190 °C vorheizen, ein Backblech mit Backpapier belegen. Die Eier trennen, Eidotter mit 50 g Zucker und Vanillezucker kurz verrühren. Eiklar mit restlichem Zucker zu steifem Schnee schlagen, mit der Dottermasse vermischen und das Mehl unterheben. Die Masse in einen Dressiersack füllen und Biskotten, 4 cm lang und 1 1/2 cm breit, auf das Backblech spritzen. Mit den Mandeln und Kokosraspeln bestreuen und im Rohr 10 Minuten backen. Nach dem Auskühlen die Biskotten vom Papier lösen, Ribiselmarmelade erwärmen, den Boden der Biskotten damit bestreichen, trocknen lassen. In dieser Zeit die Kochschokolade mit dem Kokosfett über Wasserdampf schmelzen. Wenn die Marmelade getrocknet ist die Biskotten mit der Schokolade glasieren.

Kleine Bäckereien

Sacherwürfel

210 g Staubzucker
210 g Butter
210 g Schokolade
120 g Mehl
60 g Maizena
6 Eier
100 g Marillenmarmelade
150 g Kochschokolade
90 g Butter

Zubereitungszeit: 1 Stunde

Das Backrohr auf 160 °C vorheizen, ein Backblech mit Backpapier belegen. Das Mehl mit Maizena versieben, die Eier trennen. Die Schokolade im Wasserbad schmelzen lassen, vom Dampf nehmen und so lange rühren, bis sie handwarm ist. Die Butter mit dem Staubzucker cremig rühren, nach und nach die Eidotter einrühren, dann die Schokolade und die Mehlmischung untermengen. Das Eiklar zu steifem Schnee schlagen und vorsichtig unterheben. Die Masse auf das Backblech streichen, im Rohr 30 Minuten backen. Herausnehmen und auskühlen lassen. Inzwischen die Glasur zubereiten, Kochschokolade im Wasserbad schmelzen lassen, mit der Butter glatt rühren. Den Kuchen in Würfel schneiden, je zwei Würfel mit der Marillenmarmelade zusammensetzen und mit der Glasur überziehen.

Schaumrollen

1 Pkg. Blätterteig
1/4 l Schlagobers
30 g Staubzucker
1 Ei zum Bestreichen

Zubereitungszeit: 45 Minuten

Das Backrohr auf 220 °C vorheizen, ein Backblech mit Backpapier belegen. Blätterteig zu einem 40 cm langen Rechteck ausrollen. In 2 1/2 cm breite Streifen radeln, Schaumrollenformen mit den Blätterteigstreifen umwickeln. Auf das Backblech setzen und mit verquirltem Ei bestreichen, im Rohr 20 Minuten backen. Herausnehmen, überkühlen lassen und dann die Formen behutsam, durch leichtes Drehen, abziehen, Schaumrollen erkalten lassen. Schlagobers mit dem Staubzucker steif schlagen in einen Dressiersack mit glatter Tülle füllen und von beiden Seiten in die Schaumrollen spritzen.

> **TIPP:** *Sie können die Schaumrollen auch mit Eischnee füllen. Dafür schlagen Sie 2 Eiklar mit 100 g Staubzucker zu steifem Schnee. Der Schnee muss so fest sein, dass er sich ballt und schnittfest ist.*

Schmalzkrapferln

70 g Butter
70 g Schweineschmalz
250 g Mehl
100 g Staubzucker
1 Eidotter
1 TL Zitronensaft
1 Prise Salz
100 g passierte Marillenmarmelade

Zubereitungszeit: 1 Stunde 15 Minuten

Das Backrohr auf 150 °C vorheizen, 2 Backbleche mit Backpapier belegen. Das Mehl auf ein Brett sieben, in der Mitte eine Vertiefung drükken, geschnittene Butter, Schmalz, Zitronensaft, Zucker, Salz und Eidotter in diese Grube geben. Langsam mit dem Mehl vermischen und schnell zu einem glatten Teig verkneten. Auf einer bemehlten Arbeitsfläche den Teig zu zwei Stangen rollen. Von jeder Stange kleine Stücke abschneiden und zu glatten Kugeln formen. Die Kugeln auf das Backblech setzen, mit dem Kochlöffelstiel in jede Kugel eine kleine Vertiefung drücken. Mulde mit der Marillenmarmelade füllen und 10 Minuten im Rohr backen. Nach dem Ende der Backzeit Krapferln aus dem Rohr nehmen und erkalten lassen.

> **TIPP:** *Achten Sie darauf, dass das Schweineschmalz auch bei Zimmertemperatur fest ist, ist es zu weich ist der Teig nicht formbar.*

Schoko-Nuss-Brot

100 g Kochschokolade
3 Eier
200 g Zucker
180 g gehackte Haselnüsse
10 g Rosinen
300 g Mehl
1/2 TL Backpulver
2 EL Rum
80 g Staubzucker

Zubereitungszeit: 1 Stunde

Das Backrohr auf 200 °C vorheizen, ein Backblech mit Backpapier belegen. Rosinen mit heißem Wasser waschen, abtropfen lassen, abtrocknen. Die Schokolade grob hacken, Mehl mit dem Backpulver versieben. Eier und Zucker schaumig rühren, Nüsse, Schokolade und Rosinen unterheben. Die Mehlmischung nach und nach einarbeiten. Aus dem Teig 3 Rollen formen, auf das Backblech setzen und 30 Minuten im Rohr backen. Inzwischen den Überguss zubereiten, gesiebten Staubzucker mit Rum 5 Minuten glatt verrühren. Nach dem Ende der Backzeit das Schoko-Nuss-Brot aus dem Rohr nehmen, überkühlen lassen und mit dem Überguss bestreichen.

Schokoladeaugen

180 g Staubzucker
200 g Butter
3 Eier
250 g Mehl
30 g Kakaopulver
100 g Marillenmarmelade
100 g Halbbitterkuvertüre

Zubereitungszeit: 40 Minuten

Das Backrohr auf 180 °C vorheizen, ein Backblech mit Backpapier belegen. Das Mehl mit dem Kakaopulver versieben. Butter mit dem Staubzucker schaumig rühren, die Eier nach und nach einrühren, zuletzt die Mehl-Kakao-Mischung unterheben. Die Masse in einen Dressiersack füllen und auf das Backblech „Augen" spritzen, im Rohr 10 Minuten backen. Herausnehmen und auskühlen lassen. Im Wasserbad die Kuvertüre bei 45 °C schmelzen lassen, auf 32 °C abkühlen. Jeweils 2 Augen mit der Marillenmarmelade zusammensetzen und zu einem Drittel in die Kuvertüre tauchen.

> **TIPP**: *Halten Sie relativ einen weiten Abstand zwischen den Augen, da die Masse flach auseinander läuft. In die Kuvertüre darf kein Wasser kommen, da sie sonst verklumpt.*

Schokolademonde

6 Eier
140 g Butter
140 g Schokolade
140 g Staubzucker
60 g geriebene Mandeln
70 g Mehl
gestiftelte Mandeln zum Bestreuen

Zubereitungszeit: 50 Minuten

Das Backrohr auf 180 °C vorheizen, ein Backblech mit Backpapier belegen. Die Schokolade im Wasserbad erweichen, glatt rühren, überkühlen lassen, die Eier trennen. Butter mit Eidotter und Staubzucker schaumig rühren, Schokolade und Mandeln unterrühren. Das Eiklar zu steifem Schnee schlagen und abwechselnd mit dem Mehl unter die Masse heben. Masse auf das Backblech streichen, mit gestiftelten Mandeln bestreuen und 25 Minuten im Rohr backen. Nach dem Ende der Backzeit herausnehmen, überkühlen lassen und dann mit einem Keksausstecher Halbmonde ausstechen.

Schokoladeschnitten

200 g Kochschokolade
200 g Butter
200 g Staubzucker
200 g Mehl
1 MS Backpulver
6 Eier
50 g Mandelblättchen
1 Prise Salz
Butter und Mehl für das Backblech

Zubereitungszeit: 1 Stunde

Das Backrohr auf 200 °C vorheizen, ein Backblech mit Butter bestreichen und mit Mehl bestreuen. Mehl mit Backpulver versieben, die Schokolade im Wasserbad schmelzen lassen, glatt rühren und überkühlen, die Eier trennen. Butter mit gesiebten Staubzucker und Salz cremig rühren, Eidotter langsam, einzeln einrühren, dann die Schokolade beifügen. Eiklar zu steifem Schnee schlagen und unter die Schokolademasse heben, zuletzt die Mehlmischung unterheben. Die Masse auf das Backblech streichen, mit den Mandelblättchen bestreuen und 15 Minuten im Rohr backen. Nach dem Ende der Backzeit aus dem Rohr nehmen, 1 Stunde auskühlen lassen und dann in Würfel oder Rauten schneiden.

Vanillekrapfen

3 Eier
80 g Butter
120 g Mehl
1/8 l Wasser
1/8 l Milch
1 Prise Salz
1 Pkg. Vanillepuddingpulver
1/2 l Milch
20 g Butter
80 g Staubzucker
1/4 l Schlagobers
Staubzucker zum Bestreuen

Zubereitungszeit: 1 Stunde 15 Minuten

Das Backrohr auf 220 °C vorheizen, ein Backblech mit Backpapier belegen. In einem Topf gewässerte Milch mit Butter und Salz aufkochen, das Mehl auf einmal hineingeben und so lange rühren, bis der Teig sich ballt und vom Topfboden und Kochlöffel löst. In eine Schüssel geben, überkühlen lassen und dann die Eier nach und nach unterrühren. So lange rühren, bis der Teig glatt ist, 20 Minuten rasten lassen. Teig in einen Dressiersack, mit einer glatten Tülle, füllen und auf das Backblech kleine Krapfen spritzen. Im Rohr 15 Minuten anbacke lassen, dann die Hitze auf 150 °C reduzieren und die Krapfen 30 Minuten fertig backen. Nach dem Ende der Backzeit Krapfen aus dem Rohr nehmen und erkalten lassen. Inzwischen die Creme zubereiten. Puddingpulver mit Zucker und 5 EL Milch gut verrühren, die restliche Milch mit der Butter aufkochen, Puddingpulver einrühren und bei geringer Hitze 1 Minute kochen lassen, erkalten lassen. Sind die Krapfen abge-

Kleine Bäckereien

kühlt, Schlagobers steif schlagen, unter den Pudding rühren, die Krapfen durch schneiden und den Unterteil reichlich mit der Creme füllen. Oberteil aufsetzen und mit Staubzucker bestreuen.

> **Tipp**: *Streuen Sie auf den heißen Pudding etwas Zucker, dann wird sich keine Haut bilden.*

Vanillekipferln

280 g Mehl
210 g Butter
100 g geriebene Haselnüsse
70 g Staubzucker
2 Pkg. Vanillezucker
100 g Staubzucker
1 Prise Salz

Zubereitungszeit: 1 Stunde

Mehl mit der Butter abbröseln, Zucker, Nüsse und Salz dazugeben, alles zu einem glatten Teig verkneten, 30 Minuten im Kühlschrank rasten lassen. Das Backrohr auf 180 °C vorheizen, ein Backblech mit Backpapier belegen. Den Teig halbieren und zwei Rollen formen, kleine Stücke abschneiden und Kipferln formen auf das Backblech setzen und 15 Minuten backen. Nach dem Ende der Backzeit Vanillezucker mit dem Staubzucker gut vermischen und die noch heißen Kipferln darin wälzen.

Windbäckerei

6 Eiklar
210 g Staubzucker
210 g Feinkristallzucker

Zubereitungszeit: 45 Minuten

Das Backrohr auf 120 °C vorheizen, ein Backblech mit Backpapier belegen, Staubzucker sieben. Das Eiklar zu steifem Schnee schlagen, 140 g Kristallzucker löffelweise einschlagen, den restlichen Zucker und den Staubzucker mit dem Kochlöffel unterheben. Die Windmasse in einen Dressiersack, mit gezackter Tülle, füllen. Auf das Backblech verschiedene Formen wie Ringe, Arabesken oder Stangerln spritzen. Im Rohr 30 Minuten mehr trocknen als backen, bis die Windbäckerei sich leicht vom Papier löst.

> **Tipp**: *Sie können die Windbäckerei vor dem Trocknen mit bunten Zuckerstreuseln bestreuen, oder die fertige Bäckerei in Schokoladeglasur tauchen. Die Windmasse kann auch mit Lebensmittelfarbe eingefärbt werden.*